Este livro é um presente para

____

E foi dado a você por

____

Data

____

Baseado no clássico devocional de

Oswald Chambers

TUDO PARA ELE

Jesus quer TUDO de mim

Adaptado e ilustrado por

PHIL A. SMOUSE

Aprovado por Oswald Chambers Publications Association

Publicações Pão Diário

Coordenação editorial e edição: Rita Rosário
Tradução: Renata Ballarini Coelho
Revisão: Dayse Fontoura
Diagramação: Lucila Lis
Coordenação gráfica: Audrey Novac Ribeiro

Dados internacionais de Catalogação na Publicação (CIP)

Phil A. Smouse
Tudo para Ele, Jesus quer tudo de mim – adaptado e ilustrado por Phil A. Smouse, do livro de ouro de Oswald Chambers, Tudo para Ele, – Curitiba/PR, Publicações RBC.
Título original: *Jesus Wants All of Me. Adapted and Illustrated by Phil A. Smouse. Approved by the Oswald Chambers Publications Association.*
1. Devocional infantil 2. Fé 3. Vida cristã

Exceto se indicado o contrário, as citações bíblicas são extraídas da Nova Tradução na Linguagem de Hoje © 2000, Sociedade Bíblica do Brasil.

Publicações Pão Diário
Caixa Postal 9740,
82620-981 Curitiba/PR, Brasil
publicacoes@paodiario.org
www.paodiariopublicacoes.com.br
Telefone: (41) 3257-4028

Capa rosa: ES586 • ISBN 978-1-68043-098-1
Capa azul: QZ198 • ISBN 978-1-60485-996-6

1.ª edição: 2015 • 3.ª impressão: 2025

Impresso na China

Para Maurice e
"pela pureza de intenção".

Aos pais

"Estou determinado a ser
absoluta e inteiramente dele e dele somente."

Oswald Chambers

Oswald Chambers compreendeu o segredo da vida cristã: entregar-se completamente a Deus. E por agir assim, Deus usou o livro deste autor, **Tudo para Ele**, para atrair milhões de leitores a um relacionamento mais profundo com o Senhor.

Deus quer exatamente o mesmo de cada um de nós. Ele quer que sejamos dele — 100% dele. E a coisa mais importante não é o que dizemos nem o que fazemos; nem mesmo quem alcançamos. O mais importante é o relacionamento que cultivamos com Ele.

Essa profunda ligação espiritual não se destina apenas aos adultos. Na realidade, o próprio Jesus falou sobre ter a fé como de uma criança. **Jesus quer tudo de mim**, baseado no devocional clássico de Chambers, pode ser seu guia parental para ajudar seus filhos a desenvolver um relacionamento mais profundo com Deus. Estes pensamentos diários ensinarão a seus filhos as verdades das Escrituras que permanecerão com eles pelo resto da vida.

O que poderia ser mais importante do que isso? Use este devocional para ajudar seus filhos a conhecer Jesus — e a entregar o coração a Ele.

Phil A. Smouse

Jesus quer tudo de mim

1.º de janeiro

Eu sou de Deus. Meu coração é dele. Minha mente é dele. Meus olhos vão olhar para Ele. Meus ouvidos vão ouvir a Sua voz. Minhas mãos vão fazer a Sua vontade. Eu sou de Deus!

...eu poderei levar outros a reconhecerem a grandeza de Cristo.

FILIPENSES 1:20

Para onde vamos?

2 de janeiro

Deus sabe o que vai acontecer amanhã. Ele sabe onde eu estarei, e sabe o que eu vou fazer. Eu não preciso me preocupar, pois estou em boas mãos. Eu estou nas mãos de *Deus*!

Ele deixou o seu próprio país,
sem saber para onde ia.

HEBREUS 11:8

Agora eu consigo ver direito

3 de janeiro

Eu posso falar com Deus. E Deus pode falar comigo! Deus fala comigo usando a Palavra dele. A Palavra dele é a Bíblia. O Espírito de Deus que mora dentro de mim vai me ajudar a entender o que a Bíblia diz. Assim, quando Deus falar, eu vou ouvir.

Em volta dele há
nuvens e escuridão...

SALMO 97:2

Espere por mim!

4 de janeiro

Deus responde as minhas orações. Às vezes, Ele diz "sim"; outras vezes, Ele diz "não". E, de vez em quando, Deus diz: "Espere um pouquinho". Eu não gosto de esperar. Mas, se Deus me disser: "Espere um pouquinho", eu vou esperar. Não vou correr na frente dele. Vou segui-lo.

– Senhor, por que eu não posso segui-lo agora?

JOÃO 13:37

Siga o líder

5 de janeiro

Eu vou seguir Jesus. Eu não preciso ficar prometendo coisas para Ele. Eu sei que nem sempre vou entender o que Ele quer. Não preciso ser perfeito. Só preciso segui-lo. Jesus me ama.

...Um dia, você poderá me seguir!

JOÃO 13:36

Devolva!

6 de janeiro

Qual é a melhor coisa que Deus já me deu? E agora, Deus quer que eu devolva para Ele? Na verdade, Ele quer que eu divida esse presente com alguém. Foi por isso que Ele me deu. Não vou guardar o presente de Deus só para mim. Vou devolver!

...nesse lugar, Abrão construiu
um altar e adorou o Senhor...

GÊNESIS 12:8

Será que eu o conheço?

7 de janeiro

Se gosto de alguém, quero ficar com essa pessoa por algum tempo. Podemos fazer várias coisas juntos. Isso nos faz ser mais amigos. Quero ficar com Deus por um tempo e ser o melhor amigo dele e que Ele seja o meu melhor amigo.

– Faz tempo que estou com vocês... e você ainda não me conhece?

JOÃO 14:9

Eu desisto

8 de janeiro

Deus quer tudo de mim. Ele quer que eu dê tudo a Ele. Sempre que eu for fazer alguma coisa, qualquer coisa, Ele quer que eu pense nele. Deus me ama!

...Abraão fez um altar...
Depois amarrou Isaque e o colocou sobre o altar...

GÊNESIS 22:9

Tão grande!

9 de janeiro

Deus fez as manhãs e as noites. Ele fez as montanhas enormes. Ele fez os oceanos e tudo que existe neles. Mas Ele é mais brilhante do que a manhã e mais alto do que as montanhas. O amor que Ele sente por mim é mais fundo do que o mar. Deus me criou, e Ele vai me aceitar como filho. Ele vai me tornar parecido com Jesus.

...que ele conserve o espírito,
a alma e o corpo de vocês livres... para
o dia em que vier o nosso Senhor Jesus.

1 TESSALONICENSES 5:23

Para mim?

10 de janeiro

Jesus vai me dar um presente muito bonito. Ele vai levar embora todos os meus pecados. Mas como será que eu ganho o Seu presente? Será que vou ganhar se prometer ser bonzinho? O que eu preciso fazer? Não preciso fazer nada! Só preciso abrir meu coração para Jesus.

Você vai abrir os olhos deles
a fim de que eles saiam da
escuridão para a luz...

ATOS 26:18

Zangado, zangado

11 de janeiro

Às vezes, quando eu obedeço ao que a Bíblia diz, certas pessoas não gostam. Elas ficam bravas. Mas Deus quer que eu o obedeça sem me preocupar com o que as outras pessoas vão dizer ou fazer. Eu não gosto quando os outros ficam bravos. Mas Deus vai cuidar deles. E eu vou confiar em Deus.

Agarraram Simão e o obrigaram a carregar a cruz...

LUCAS 23:26

Ele sabe meu nome

12 de janeiro

Por que eu estou me sentindo assim? Por que não consigo entender quem eu sou? Eu não sei. Mas Jesus sabe. Ele sabe mesmo quando não sei. Pode ser que alguma coisa esteja errada. Pode ser que eu precise mudar. Vou deixar Jesus mudar o meu coração.

...mas explicava tudo
em particular aos discípulos.

MARCOS 4:34

Silêncio, por favor!

13 de janeiro

Às vezes, eu não gosto de ficar sozinho. Eu me sinto triste, abandonado. Mas, quando estou sozinho, tudo fica tão quieto. Eu posso falar com Deus. Se eu prestar atenção, pode ser que consiga ouvir a resposta dele.

> Quando a multidão foi embora...
> os doze discípulos, [começaram]
> a fazer perguntas a Jesus.
>
> MARCOS 4:10

Chamado por Deus

14 de janeiro

As pessoas precisam saber mais sobre o amor de Deus. E Deus quer que elas saibam muitas coisas. Um dia, alguém vai lhes contar sobre esse amor! Mas quem? Quem Deus escolheu? Deus escolheu alguém muito especial. Ele me escolheu, e quer que eu conte para todo mundo que Ele ama a todos.

Então respondi:
– Aqui estou eu.
Envia-me a mim!

ISAÍAS 6:8

Novinho em folha!

15 de janeiro

Eu nasci de novo. Deus pegou as coisas sujas e de mal cheiro que estavam dentro de mim e enterrou todas elas. Já não estão mais em mim! E eu não vou mais desenterrar. E não quero que elas voltem. O amor de Deus me faz ser uma criança nova e pura.

...assim também nós vivamos uma vida nova.

ROMANOS 6:4

É para você

16 de janeiro

Deus está me chamando. Ele tem algo para eu fazer! Que coisa mais maravilhosa será que devo fazer para Ele? Já sei! Eu vou me ajoelhar, e ouvir a voz dele. Eu vou descobrir o que Ele quer, e depois, vou me levantar e fazer a vontade dele.

Em seguida, ouvi o Senhor dizer:
– Quem é que eu vou enviar?

ISAÍAS 6:8

Tudo bem, eu estou indo!

17 de janeiro

Deus está me chamando. Ele tem um plano maravilhoso para a minha vida. E eu vou fazer coisas maravilhosas. Mas Deus prefere que eu seja alguém bom (não só que faça alguma coisa boa). Ele quer que eu seja como o Filho dele.

Porém Deus, na sua graça...
resolveu revelar para mim o seu Filho...

GÁLATAS 1:15,16

Isso é bom!

18 de janeiro

Eu posso fazer muitas coisas boas pelas outras pessoas. Eu posso ajudar, posso ouvir, e posso ser um bom amigo... Eu amo fazer coisas boas! Mas, mais do que tudo — eu amo a Deus.

Então Tomé exclamou:
— Meu Senhor e meu Deus!

JOÃO 20:28

Escuridão

19 de janeiro

De vez em quando, eu não entendo. Eu me sinto sozinho no escuro. Onde está Deus? Eu não consigo encontrá-lo. Eu não consigo chegar perto dele. Sou tão pequenino, e Ele está tão longe... Mas, se eu esperar, Deus vai me mostrar que Ele está ao meu lado. Pode ser que isso não aconteça agorinha, mas Ele vai me mostrar. E, quando Ele fizer isso, eu vou enxergar de novo. Vou ver a Sua face. Deus é verdadeiro.

...o pavor tomou conta dele.

GÊNESIS 15:12

Pronto para tudo

20 de janeiro

Eu nasci de novo. Jesus fez todas as coisas novas. Eu posso fazer coisas divertidas e posso fazer coisas difíceis. E posso gostar de todas elas. O amor de Deus está vivo no meu coração. Quando estou pertinho de Deus, eu nunca fico chateado.

– Eu afirmo... ninguém pode ver o Reino de Deus se não nascer de novo.

JOÃO 3:3

Agora eu me lembro

21 de janeiro

De vez em quando, eu até esqueço que Jesus me ama. Mas Ele me mostra esse amor de muitas e muitas formas. Então, eu fico feliz por saber que Ele me ama. Ah, e é claro que eu o amo... Como eu o amo!

...eu lembro de quando
você era jovem...

JEREMIAS 2:2

Olhando para cima

22 de janeiro

Jesus, o Senhor me dá tantas coisas (tantas coisas que eu nem consigo mais ver o Senhor!). Talvez, eu precise parar de olhar para todas as coisas boas que o Senhor já me deu. Talvez, eu precise colocar tudo isto de lado e procurar somente o Senhor.

...voltem para mim, e eu os salvarei...

ISAÍAS 45:22

Espelho, espelho

23 de janeiro

Quando as pessoas olham para mim, o que será que elas veem? Será que veem Jesus? Eu vou reservar um tempinho para ficar com Ele. Quanto mais tempo eu ficar com Jesus, mais vou aprender a agir como Ele agiu. Eu quero ser parecido com Jesus.

...refletimos a glória que vem do Senhor... Essa glória... vai nos tornando cada vez mais parecidos com o Senhor...

2 CORÍNTIOS 3:18

É um assunto pessoal

24 de janeiro

Eu sei várias coisas sobre Jesus. Sei que Ele morreu na cruz. Eu sei que Ele ressuscitou. Sei também que Ele me limpou e tirou de mim os meus pecados. Mas eu não quero apenas saber algumas coisas sobre Jesus. Quero ser amigo dele. Eu quero *conhecer* Jesus!

Eu apareci a você
para o escolher...

ATOS 26:16

Surpresa!

25 de janeiro

Deus vai responder as minhas orações... mas nem sempre do jeito que eu espero que Ele responda! Ele pode me surpreender, ou não me surpreender! Quem é que sabe o que Deus vai fazer? Mas Ele vai responder as minhas orações! Disso, eu tenho certeza!

Porém Deus, na sua graça,
me escolheu...

GÁLATAS 1:15

É simples assim

26 de janeiro

O meu coração é de Deus. Ele vai cuidar de mim. E sempre terei todas as coisas que eu preciso. Simples assim! Obrigado, Senhor!

> Então é claro que ele
> vestirá também vocês...
>
> MATEUS 6:30

Eu nunca pensei nisso

27 de janeiro

O que eu vou comer? O que vou beber? Que roupa vou vestir? E de onde vai vir tudo isso? Eu não sei. Na verdade, nunca penso nisso. Mas, de qualquer jeito, Jesus me disse para não me preocupar com essas coisas. Ele disse que cuidaria de tudo.

...não se preocupem com...
o que precisam para viver...

MATEUS 6:25

Do meu jeito

28 de janeiro

Eu fiz do meu jeito. E pensei em tudo sozinho. Eu fiz todo o trabalho, e não pedi a ajuda de ninguém. Eu errei! Desculpa, Senhor… Eu deveria ter feito do Seu jeito…

"Saulo, Saulo!
Por que você me persegue?"

ATOS 26:14

Do jeito de Deus

29 de janeiro

Senhor, eu fiz uma bagunça. Todo mundo está bravo comigo. Estraguei tudo. O meu jeito não dá certo. Não quero fazer do mesmo jeito de novo. Por favor, me mostra o Seu jeito — aquele que agrada o Senhor.

"Quem é o senhor?"

ATOS 26:15

Quem disse isso?

30 de janeiro

Eu vou orar. Deus vai me mostrar o que fazer. Eu conheço a voz dele, e escuto Ele falar ao meu coração. Eu o vejo em todas as coisas que me cercam. Ele vai falar comigo. E, no momento que falar, vou ouvir!

> Ele [Samuel] estava com medo de falar com Eli sobre a visão...
>
> 1 SAMUEL 3:15

Bom demais pra ser verdade

31 de janeiro

Ah, eu posso ser bom! Eu posso ser bonito! Posso falar de um jeito bonito! Posso fazer coisas boas. E isso tudo é muito bom! Mas para Deus não é importante se eu apenas pareço legal. Ele quer que eu conheça Jesus bem de perto.

Deus me... separou
para [anunciar] a boa notícia
do evangelho de Deus.

ROMANOS 1:1

O amor de Deus

1.º de fevereiro

As pessoas me machucam de vez em quando. As coisas não dão certo. Mas não tem problema… Jesus vai curar as pessoas que me machucaram. Ele vai ajeitar as coisas bagunçadas. Oh, Senhor, meu coração está aqui. Por favor, me dá a chance de contar a alguém sobre o Seu amor!

Pois Cristo não me enviou
para batizar, mas para
anunciar o evangelho…

1 CORÍNTIOS 1:17

Quem se importa?

2 de fevereiro

Quem liga para essas pessoas? Quem quer saber se elas conhecem Jesus? Quem quer saber se elas já ouviram a Palavra de Deus? Quem quer saber se alguém vai lhes falar sobre o amor de Deus? Quem quer saber se elas vão encontrar Deus? Jesus quer saber! Jesus se importa! E eu também!

Ai de mim se não
anunciar o evangelho!

1 CORÍNTIOS 9:16

Pessoas más

3 de fevereiro

Eu não consigo amar essas pessoas! Elas fizeram muitas coisas ruins! Mas Jesus ama até mesmo as pessoas que fazem coisas ruins. Todos são criados por Ele. Eu já fiz coisas ruins também, mas Jesus me transformou. Eu vou dizer aos que fazem coisas ruins que Jesus os ama.

...somos tratados como
a imundície deste mundo.

1 CORÍNTIOS 4:13

Rodinhas de apoio

4 de fevereiro

Deus faz muitas coisas por mim. Ele me dá tantas coisas boas. Mas as bênçãos de Deus são tão boas como as rodinhas da minha bicicleta. Um dia, não vou precisar mais de rodinhas para me apoiar. Daí, vou disparar! Mas sempre vou precisar de Deus!

Porque somos dominados
pelo amor que Cristo tem por nós...

2 CORÍNTIOS 5:14

Aqui estou eu

5 de fevereiro

Pode ser que ninguém fique sabendo das coisas boas que eu faço. Pode ser que ninguém ouça falar de mim. Tudo bem. Eu não quero ser alguém famoso. Não preciso ser importante. Jesus me ama. Eu vou segui-lo.

Talvez o meu sangue, isto é,
a minha vida, seja apresentado
como uma oferta...

FILIPENSES 2:17

Aqui está meu coração

6 de fevereiro

Jesus, aqui está o meu coração. Por favor, arranca dele tudo o que o deixa triste comigo. Eu sei que vai doer... Mas vou tentar não chorar. O Senhor vai me ajudar. O Senhor é exatamente como sonhei que seria.

> Quanto a mim, a hora já chegou
> de eu ser sacrificado...
>
> 2 TIMÓTEO 4:6

Já chegamos lá?

7 de fevereiro

Eu estou tão chateado! Orei, orei e orei. Por que Deus está demorando tanto para responder? Ele não me ouviu? Ele não liga para mim? Talvez, eu não precise me preocupar tanto sobre a Sua resposta. Talvez, eu só tenha de chegar mais perto do Senhor.

Porém já faz três dias
que tudo isso aconteceu.

LUCAS 24:21

Igualzinho a ti

8 de fevereiro

Jesus, eu quero ser igualzinho ao Senhor. Quero ver o que o Senhor vê. Quero sentir o que o Senhor sente. Entra no meu coração. Só o Senhor pode fazer do meu coração a Sua casa. Por favor, torna-me igualzinho ao Senhor!

Que Deus, que nos dá a paz,
faça com que vocês sejam
completamente dedicados a ele.

1 TESSALONICENSES 5:23

Cansado de ser bom

9 de fevereiro

De vez em quando, eu fico cansado de ser bom. E me sinto muito cansado mesmo. Mas não tem problema. Deus entende o meu sentimento. Ele vai me ajudar a ser bom mesmo quando eu estiver cansado.

O Senhor é o Deus eterno...
Ele não se cansa, nem fica fatigado...

ISAÍAS 40:28

Aí está o Senhor!

10 de fevereiro

Senhor, às vezes, nem consigo imaginar como o Senhor é. Mas eu quero estar contigo. O ventinho suave, as estrelas brilhantes e as folhas caindo revelam o Seu poder. Aí está o Senhor! Para todos os lugares que eu olho, alguma coisa me faz lembrar do Senhor.

Olhem para o céu e
vejam as estrelas.
Quem foi que as criou?

ISAÍAS 40:26

Paz como um rio

11 de fevereiro

Deus é maior do que eu. Ele colocou as estrelas no céu. O sol brilha com a luz do amor de Deus. Todo floquinho de neve prateado foi criado pelo toque delicado da Sua mão. Ele nunca me deixará. Eu vou confiar nele.

Tu… dás paz…
às pessoas que confiam em ti.

ISAÍAS 26:3

Será que eu escuto?

12 de fevereiro

Deus fala. Mas será que eu o escuto? Ele me disse para amar até mesmo as pessoas que me tratam mal. Eu vou à igreja e fico quietinho. E ouço o pastor com atenção. Mas amar as pessoas que me tratam mal? Isso, eu não consigo! Deus responde: "Sim". Mas será que eu o escuto?

– Se você falar,
nós ouviremos...

ÊXODO 20:19

Ocupado demais!

13 de fevereiro

Fico muito ocupado de vez em quando! Preciso fazer isso, preciso fazer aquilo! E agora, Senhor? O que o Senhor disse? Fala alto! Eu não estou conseguindo ouvir o Senhor! Opa... Preciso ir agora. Liga para mim uma hora dessas! Vou amar falar com o Senhor. Tchauzinho!

– Fala, pois o teu servo
está escutando!

1 SAMUEL 3:10

Pare, olhe e escute

14 de fevereiro

Senhor, onde o Senhor está? Não estou conseguindo ver nem ouvir o Senhor. Não sei o que fazer. Por favor, não me deixe aqui, Deus. Eu vou ficar quietinho. Vou ouvir e esperar. O Senhor virá.

O que estou dizendo a vocês
na escuridão repitam na luz do dia...

MATEUS 10:27

Protetor do meu irmão

15 de fevereiro

Eu não sou perfeito. Às vezes, fico bravo. Às vezes, faço coisas erradas. Às vezes, até deixo meus amigos tristes. Eu não quero deixá-los tristes. Eu vou fazer alguma coisa especial para eles. Vou mostrar a eles que Deus os ama.

...nenhum de nós vive para si mesmo...

ROMANOS 14:7

Preciso me levantar!

16 de fevereiro

Eu desisto! Estou chateado. Meus sonhos nunca vão se realizar. Mas Deus diz: "Tente de novo." Ele diz: "Levante-se." Ele vai me ajudar, e vai realizar os meus sonhos. Mas eu preciso me levantar primeiro.

"Levante-se da morte..."

EFÉSIOS 5:14

Saindo do lugar

17 de fevereiro

Eu vou me levantar. E vou começar a me mexer. Eu não tenho motivos para ficar triste. Jesus está comigo. Ele vai fazer alguma coisa, e tudo vai dar certo. Acho que vou arrumar minha cama e pegar uns biscoitinhos.

– Levante-se e coma.

1 REIS 19:5

Não olhe para trás

18 de fevereiro

Ah não! O que foi que eu fiz? Fiz tudo errado. Estraguei tudo! Mas Jesus vai me perdoar. Ele vai levar embora os meus erros horríveis para bem longe de mim! Vou entregar meu coraçãozinho triste a Jesus, e não vou olhar para trás. Eu vou me levantar. Vou segurar a mão dele e vou começar de novo.

Levantem-se,
e vamos embora...

MATEUS 26:46

Brilhe

19 de fevereiro

O que eu preciso fazer hoje? A mesma coisa que fiz ontem? Vou fazer tudo de novo amanhã? Seja o que for, aqui estão as minhas mãos, Senhor. Segure as minhas mãos. Ajude-me a fazer alguma coisa bonita.

> Levante-se...
> Que o seu rosto brilhe...
>
> ISAÍAS 60:1

Sonhando

20 de fevereiro

Deus me deu um sonho maravilhoso! Ah… os lugares para onde eu vou! Ah… as pessoas que vou conhecer! Eu gostaria de ter sonhos assim para sempre! Mas agora é hora de acordar. É hora de agir!

Levantem-se,
vamos sair daqui!

JOÃO 14:31

Agora é o fim!

21 de fevereiro

Ai, ai, ai! Agora é o fim. Olha só para mim! E olha para esta bagunça toda. Eu sei que preciso tomar mais cuidado. Mas fiquei entusiasmado demais. Eu o amo tanto Senhor. Eu precisava lhe mostrar isso! Sei que o Senhor me entende. Mesmo quando me empolgo demais, o Senhor pode me usar.

Ela fez para mim
uma coisa muito boa.

MARCOS 14:6

Solte a corda!

22 de fevereiro

Eu sou forte, e sou durão. Eu estou aguentando firme aqui. Eu amarrei um nozinho na ponta da minha corda e estou aguentando firme! Mas Deus me disse para aguentar firme? Ou estou apenas com medo de que as coisas aconteçam, ou que a corda se arrebente?

Parem de lutar e fiquem sabendo que eu sou Deus...

SALMO 46:10

Quando me machucam

23 de fevereiro

Quando sou egoísta, eu entristeço o coração de Deus. Mas Jesus me perdoa. Ele abriu os Seus braços e morreu por mim. As pessoas podem me machucar. Elas podem até me fazer chorar. Mas não tem problema. Eu machuquei Jesus. Mesmo assim, Ele morreu para levar embora os meus pecados. Ele me perdoou. E eu vou perdoar às pessoas que me machucarem.

Porque até o Filho do Homem
não veio para ser servido,
mas para servir...

MATEUS 20:28

Sirva-se!

24 de fevereiro

Aqui está a minha vida, Jesus. Eu irei para onde o Senhor quiser me levar. E vou fazer o que o Senhor quiser que eu faça. O Senhor pode ter qualquer coisa que quiser, Senhor. Apenas sirva-se — de mim!

Vou ficar contente em gastar
tudo o que tenho e até a mim mesmo
para ajudá-los.

2 CORÍNTIOS 12:15

Eles não me amam

25 de fevereiro

Eu quero falar com eles sobre Jesus. Mas e se eles se zangarem comigo? E se rirem? E se não me amarem mais? Ah... quem liga para isso: se eles me amam ou não? Eu os amo, e quero que eles conheçam Jesus.

Será que vocês me amarão menos
só porque eu os amo tanto?

2 CORÍNTIOS 12:15

Sério?

26 de fevereiro

O que o Senhor quer que eu faça, Deus? Eu não posso fazer isso! Nunca vai dar certo! E como eu vou conseguir terminar? Ah, Deus, quando vou aprender a confiar no Senhor? E quanto tempo vai demorar para eu perceber que o Senhor pode fazer o que eu não posso?

– O senhor não tem balde
para tirar água, e o poço é fundo.

JOÃO 4:11

Situação difícil

27 de fevereiro

Por que estou me sentindo deste jeito? Por que dói tanto? Por que ninguém me ajuda? Talvez, eu deva tentar ser forte. Talvez, eu deva apenas tentar fazer tudo isto sozinho, sem a ajuda de ninguém. Não! Eu me sinto tão vazio por dentro. Só Jesus pode ajudar. Ele é o Deus Todo-poderoso. E eu vou olhar para Ele.

Como é que vai conseguir
essa água da vida?

JOÃO 4:11

Qual é a grande ideia?

28 de fevereiro

Vou fazer coisas grandes para Deus! Vou sonhar com uma grande ideia, e vou pedir para Deus abençoá-la! Ela vai ser grande. Ela vai ser nova! E não vai dar certo! Por favor, me perdoe, Jesus. Coloquei minha grande ideia no Seu lugar dentro do meu coração. Alguma coisa vai dar errado com as minhas grandes ideias. Mas eu acredito no Senhor.

E Jesus respondeu:
– Então agora vocês creem?

JOÃO 16:31

Missão impossível

29 de fevereiro

Eu não posso pedir para Deus fazer isso. Seria impossível! Você tem razão. Ninguém vai conseguir fazer isso. Ninguém a não ser Deus. Vá em frente! Peça para Ele fazer! Deus vai fazer o impossível.

– Senhor, eu quero ver de novo!

LUCAS 18:41

Será que eu o amo?

1.º de março

Eu posso fazer coisas boas. Posso ser bom. Todo mundo pode pensar coisas boas de mim. E eu posso dizer que amo Deus. Mas será que eu o amo *de verdade*?

"Você me ama?"

JOÃO 21:17

Sim, eu o amo!

2 de março

Doeu quando Jesus perguntou: "Você me ama?" Por que Ele disse isso? Ele sabe que eu o amo. Ele sabe! Mas é por isso que Ele perguntou. Ele sabe. E eu também sei!

E perguntou pela
terceira vez:... Você me ama?

JOÃO 21:17

Cuide das minhas ovelhas

3 de março

Sim, Senhor. Eu o amo! Agora, eu vou tomar conta das Suas ovelhas. O Senhor tem algumas ovelhas engraçadas. Mas eu vou amar todas elas. Vou amar até a última ovelha desajeitada, suja e a mais perdida de todas.

– Tome conta das minhas ovelhas.

JOÃO 21:17

Papai sabe tudo

4 de março

Onde Deus pode me usar? O que Ele quer que eu faça? Eu sou bom em muitas coisas. Estas coisas podem ser muito úteis. Mas Deus não quer saber se eu sou útil. Ele quer que eu o ame, e que seja dele.

Mas eu não dou valor à
minha própria vida.

ATOS 20:24

Vou fazer o melhor!

5 de março

Deus tem um trabalho para mim. Então, eu o farei! Pode ser que eu não seja o melhor. Talvez, eu não acerte sempre, e as coisas não saiam como planejei. Mas Deus não está preocupado com isso. Ele só quer que eu faça o que Ele me pediu e que demonstre que eu o amo.

...O importante é que eu complete a minha missão...

ATOS 20:24

O mesmo de sempre

6 de março

Nenhuma novidade hoje. Nada de grandes planos. Nada de novo. Ninguém está me olhando para ver o que eu vou fazer. Só nós dois: O Senhor e eu. Igual a ontem. Obrigado, Jesus. Obrigado por fazer com que cada dia seja especial.

...com muita paciência...

2 CORÍNTIOS 6:4

Pegando onda

7 de março

O problema vai aparecer, mas eu não vou ter medo. O vento vai soprar. As ondas vão quebrar, e eu não vou fugir. Vou pegar minha prancha de surfe e correr para a água. Vou ficar de pé e surfar. Oba! Nada pode me separar do amor de Deus.

> ...temos a vitória completa
> por meio daquele que nos amou.
>
> ROMANOS 8:37

O que Deus quer

8 de março

O que Deus quer? Ele quer que eu seja bondoso? Honesto? Que faça coisas boas?
Não. Ele quer os meus pecados. Deus quer levar meus pecados embora e colocar Jesus no lugar deles.

Eu fui morto
com Cristo na cruz.

GÁLATAS 2:19

Ele foi por ali

9 de março

Vou andar com Jesus. Vou quando Ele disser: "Siga". Vou parar quando ele disser: "Pare". Eu não preciso pensar em tudo. Jesus me ama.
Eu posso confiar nele. Ele vai me levar para casa.

– Será que vocês também querem ir embora?

JOÃO 6:67

Seja uma mensagem

10 de março

Deus me deu uma mensagem. Ele me deu a Sua Palavra, e a Palavra dele pode mudar vidas. Mas primeiro ela precisa me transformar. Sim, Deus me deu uma mensagem. E, se eu deixar, Ele vai me transformar numa mensagem também! Minha vida vai dizer para todo mundo que Deus os ama.

...pregue a mensagem...

2 TIMÓTEO 4:2

O que Deus vê

11 de março

Eu sei que Deus tem um plano para mim, e Ele vai cumprir. Pode demorar muito tempo, mas eu posso esperar. Vou deixar Jesus me plantar como se eu fosse uma sementinha. Às vezes, demora bastante para a semente crescer. Mas Deus sabe a hora certa. Um dia, vou desabrochar e dar frutos.

...eu não desobedeci à visão
que veio do céu.

ATOS 26:19

O que tem para mim?

12 de março

Eu amo dar. Eu daria tudo a Jesus; até a minha própria vida. Afinal, Ele sempre me dá tanta coisa em troca. Mas eu não vou tratar Jesus como uma máquina de chicletes. Eu o amo pelo que Ele é, não pelo que Ele pode me dar.

– Veja! Nós deixamos tudo
e seguimos o senhor.

MARCOS 10:28

Limpo!

13 de março

Eu posso ser bom, e posso obedecer. Eu posso cuidar de como faço as coisas. Mas preciso fazer algo mais importante. Posso esquecer de mim mesmo e me maravilhar com Jesus! Posso me entregar a Ele, como Ele se entregou por mim.

...Deus amou o mundo tanto,
que deu o seu único Filho...

JOÃO 3:16

Quem tem o meu coração?

14 de março

Quem tem o meu coração? O que eu estou sentindo? Raiva? Vontade de ser importante? De ter um monte de coisas? Jesus criou o meu coração. Mas será que eu entreguei meu coraçãozinho a Jesus?

> ...vocês... são, de fato,
> escravos dessa pessoa a quem
> vocês obedecem.
>
> ROMANOS 6:16

Para onde estamos indo?

15 de março

Para onde nós estamos indo? O que Jesus está fazendo? Por que Ele não para? Por que Ele não vai esperar? Por que Ele está lá na frente? Eu achei que o conhecia. Eu achei que Ele me amava. Como posso ir atrás dele agora? Ah, Senhor, me perdoe. Está tão escuro. Estou com tanto medo. Vou ficar quietinho e confiar no Senhor. O Senhor é Deus.

...e os discípulos, espantados,
iam atrás dele...

MARCOS 10:32

Para a luz

16 de março

O que eu estou escondendo? O que está escondido lá no escurinho secreto do meu coração? É raiva? É falta de perdão? Será que eu quero entristecer o meu amigo? Vou arrastar tudo isso para a luz de Deus. Vou permitir que Ele transforme o meu coraçãozinho.

Porque todos nós temos
de nos apresentar diante de Cristo
para sermos julgados por ele.

2 CORÍNTIOS 5:10

As primeiras coisas antes

17 de março

Eu quero ser bom e quero ajudar. Quero dividir o amor de Deus e falar de Jesus para os outros. Mas eu não vou deixar que essas coisas morem no meu coração. Meu coração é de Jesus.

Porém, acima de tudo,
o que nós queremos é
agradar o Senhor...

2 CORÍNTIOS 5:9

Faça como quiser

18 de março

O que você vê em mim? Será que você vê Jesus — ou você me vê? Eu vou deixar Jesus me lavar. Ele sabe onde eu preciso ser lavado por dentro. Eu sei também e eu quero ser limpo!

...temendo a Deus,
vivamos uma vida completamente
dedicada a ele.

2 CORÍNTIOS 7:1

Mostre-me o caminho

19 de março

Para onde estamos indo? Eu não sei mesmo! Mas Deus sabe, e eu o conheço. Então, vou continuar andando. Deus é de verdade! Ele está aqui. Jesus me ama. Tudo vai dar certo.

Ele deixou o seu próprio país,
sem saber para onde ia.

HEBREUS 11:8

Decisões, decisões!

20 de março

O que Deus quer? Qual é a vontade de Deus? A vontade de Deus sou eu! E Ele me libertou! Eu não tenho medo de decidir. Jesus me ama. Se eu estiver errado, Ele vai me mostrar. E eu vou parar.

Não vou esconder de Abraão
o que pretendo fazer.

GÊNESIS 18:17

Estou com Ele

21 de março

Jesus morreu na cruz para levar embora os meus pecados. Ele fez isso por mim. E Ele quer viver dentro de mim também. Por favor, entra no meu coração, Senhor Jesus. Ah, como eu o amo!

...Eu fui morto
com Cristo na cruz.

GÁLATAS 2:19

Um coração ardente

22 de março

O amor de Deus é parecido com um fogo que queima no meu coração. Ele ilumina todos os cantinhos escuros e derrete o coração mais gelado. O calor suave e o cheiro gostoso desse fogo são a luz e a vida que iluminam e aquecem cada dia comum.

– Não parecia que o nosso coração queimava dentro do peito quando ele nos falava...?

LUCAS 24:32

Eu estava errado

23 de março

Eu estava errado. Sei o que fiz. Foi um erro. Mas eu fiz mesmo assim. Não tem desculpas para mim. Não vou inventar desculpas. Por favor, me perdoe. Eu estava errado.

Quando existem ciumeiras e brigas entre vocês, será que isso não prova que vocês são pessoas deste mundo...?

1 CORÍNTIOS 3:3

Não se preocupe

24 de março

Eu falei de Jesus para ela, e ela ficou brava! Eu sei que Deus está transformando o coração dela. Isso dói. Eu gostaria de fazer alguma coisa, mas não vou fazer. Vou sair do caminho de Deus. Vou deixar que Ele abra o caminho no coração dela para plantar uma nova sementinha. Logo, Jesus vai crescer com força no coração dela.

Ele tem de ficar cada vez
mais importante, e eu, menos importante.

JOÃO 3:30

Não olhe para mim

25 de março

Eu quero ser bom e gentil. Mas não quero ser assim para você olhar para mim. Nem para mostrar o que Deus pode fazer. Eu estava parado na frente de Jesus? Me desculpe. Vou ficar sentado. Agora, pode ser que você consiga vê-lo.

O amigo do noivo...

JOÃO 3:29

Puro de coração

26 de março

Não posso mais fazer isso. Não é muito ruim, nem muito errado. Mas não parece ser certo. Eu acho que, para as outras pessoas, não tem problema... Mas, quando eu faço isso, sinto que entristeço o coração de Deus. E não vou fazer mais isso.

– Felizes as pessoas que têm
o coração puro, pois elas verão a Deus

MATEUS 5:8

Sou bom o bastante?

27 de março

Eu já sou bom o bastante? Estou fazendo tudo certinho? Eu poderia ser mais educado. Poderia ler mais, orar mais, dar mais e fazer mais. Mas o mais importante é que eu poderia confiar mais em Jesus. Aí então, eu o conheceria melhor.

– Suba aqui, e eu mostrarei a você o que precisa acontecer depois disso.

APOCALIPSE 4:1

Fé

28 de março

Eu sei o que Deus quer. Mas como vou fazer isso? Posso pensar num plano. Posso pensar muito bem no que é bom e no que é ruim. Mas isso não é fé. Eu não entendo, mas Deus entende. Posso confiar nele. Ele me ama. Vou fazer o que Ele diz. Eu fico tão feliz quando eu o sigo!

Mas eles disseram:
– Mestre... o senhor quer voltar?

JOÃO 11:8

Toc toc!
29 de março

Surpresa! Onde eu vou encontrar Jesus hoje? Quem sabe? Ele pode estar em qualquer lugar! Em qualquer coisa ou em qualquer pessoa! O amor dele é maior do que a minha igreja. Maior do que as minhas ideias e do que o céu azul sem fim. Ele mora no meu coração. Eu vou buscá-lo em todos os lugares.

Vocês, também,
fiquem alertas...

LUCAS 12:40

Eu vou orar

30 de março

Eu vou orar por ela. Eu não vou ficar bravo. Não vou falar mal dela para os outros. Acho que alguma coisa está errada. Alguma coisa está entristecendo o coração dela. Vou pedir para Deus ajudá-la. Sei que Ele tem um plano para a vida dela. E Ele quer que eu ajude — que eu ore por ela.

Ele ficou espantado quando viu
que não havia ninguém que socorresse...

ISAÍAS 59:16

Primeiro eu

31 de março

Deus vai consertá-lo! Ele é horrível e malvado e nunca diz nada de bom. Ele só me deixa nervoso! Sim, Deus vai consertá-lo! Mas talvez Deus precise me consertar primeiro. Daí, eu vou poder orar por esta pessoa.

Se alguém vê o seu irmão
cometer algum pecado...

1 JOÃO 5:16

Tenha um coração

1.º de abril

A Palavra de Deus pode mudar até o coração mais duro. Mas eu não vou usá-la como se ela fosse uma lança para machucar o meu inimigo. Vou falar as verdades de Deus com amor. E, depois, vou me lembrar de orar.

E Deus... sabe qual é o pensamento do Espírito. Porque o Espírito pede em favor do povo de Deus...

ROMANOS 8:27

Agora eu vejo

2 de abril

Uma vez, eu não conseguia mais ver Jesus. Eu queria ter muitas e muitas coisas. Queria que as pessoas gostassem de mim. Queria que todo mundo fizesse o que eu dizia. Mas algo aconteceu. Eu não sou mais assim, e agora eu posso ver! Posso ver Jesus agora!

...o Senhor que me
mandou aqui... para que
você veja de novo...

ATOS 9:17

Se somente...

3 de abril

Por que fiz aquilo? No que estava pensando? Como Deus pode me amar depois de ter feito coisas tão erradas várias e várias vezes? Eu não quero pensar nisso! Mas preciso... E devo deixar que Ele mude o meu coração.

...Se hoje mesmo você soubesse
o que é preciso para conseguir a paz!

LUCAS 19:42

Confie ou fracasse

4 de abril

Para onde Deus foi? Por que Ele não está abençoando os meus planos? Como posso confiar nele se Ele não me abençoar? Como posso confiar nele se Ele não me alegrar? Como posso dizer que eu o amo se eu só ligo para as bênçãos dele?

Pois chegou a hora de
vocês todos serem espalhados...

JOÃO 16:32

Getsêmani

5 de abril

Jesus estava sozinho no jardim, mas por que Ele estava chorando? Por causa dos meus pecados. Ele sabia que iria morrer. Ele sabia que seria pregado na cruz. Mas Ele não tinha feito nada de errado! A culpa era toda minha. Ele morreria por causa dos meus pecados, e a morte dele levaria os meus pecados embora! Como Ele poderia me amar tanto? Eu não sei, mas Ele sabia. Jesus é o Filho de Deus, mas viveu como um homem comum. E assim, eu vou ver o rosto de Deus.

Jesus foi com os discípulos
para um lugar chamado Getsêmani...

MATEUS 26:36

A cruz

6 de abril

Jesus nasceu para morrer na cruz. Não foi um acidente. Não aconteceu por acaso com Ele. Jesus veio ao mundo por Sua vontade. Ele morreu na cruz por mim.

O próprio Cristo levou
os nossos pecados no seu corpo
sobre a cruz...

1 PEDRO 2:24

Fale e mostre

7 de abril

A Bíblia pode ser difícil de entender. E o coração de Deus pode ser difícil de encontrar. Mas Deus não está se escondendo de mim. Ele está me chamando para chegar mais perto dele. Quando eu me atrever a buscá-lo, a flor da Palavra de Deus vai começar a desabrochar dentro do meu coração.

...Jesus mandou que
não contassem a ninguém
o que tinham visto...

MARCOS 9:9

Ressuscitar

8 de abril

Jesus morreu na cruz, mas Ele ressuscitou! Deus lhe deu uma nova vida. Agora, Jesus quer dar esta nova vida para mim. Ele quer pregar os meus pecados na cruz e deixá-los lá para que eles morram ali. Ele quer colocar a vida dele no lugar dos meus pecados. Ele quer que eu seja filho dele.

Pois era preciso
que o Messias sofresse...

LUCAS 24:26

Você o viu?

9 de abril

Deus é bom. Eu tenho tudo que preciso e vejo as bênçãos dele todos os dias. Mas será que eu vejo mais do que as bênçãos? Mais do que Ele me dá? Será que eu já o vi? Quero ver Jesus.

...Jesus se apresentou
com outra aparência...

MARCOS 16:12

O que fazer com o pecado

10 de abril

O que entristece o coração de Deus é pecado. E eu pequei. Mas agora o que vou fazer? Preciso tentar largar o pecado? Preciso encontrar alguma coisa melhor para fazer? Não! Meu pecado deve ser morto! Eu preciso deixar Deus pregá-lo na cruz.

> Pois sabemos que a nossa
> velha natureza pecadora já foi morta
> com Cristo na cruz...
>
> ROMANOS 6:6

Entra!

11 de abril

Aqui está o meu coração, Jesus. Por favor, faz dele a Sua casa. Enche cada cantinho e cada pedacinho. Entra em todos os lugares escuros e vazios com a luz brilhante do Seu amor.

...também seremos unidos
com ele por uma
ressurreição igual à dele

ROMANOS 6:5

O presente

12 de abril

Deus não me dá a vida eterna. Ele é a vida eterna! O que Ele me dá é Ele mesmo! Ele vem morar dentro de mim.

...a morte não tem mais
poder sobre ele.

ROMANOS 6:9

Ele é forte!

13 de abril

Sei muito bem o que Deus quer que eu faça. Não vai ser fácil. E a carga vai ser pesada. Mas eu vou conseguir e não vou deixar este peso me esmagar. Eu vou colocar uma parte nos ombros de Deus, pois Ele é forte. Vamos carregar juntos!

Entregue os seus problemas ao Senhor...

SALMO 55:22

Espremido

14 de abril

Às vezes dói, mas eu não vou reclamar. Jesus me ama. Ele está trabalhando para fazer algo maravilhoso. Mas, até para fazer um suco, as uvas precisam ser espremidas! Não vou choramingar quando me sentir espremido.

Sejam meus seguidores
e aprendam comigo...

MATEUS 11:29

Ele vai ligar?

15 de abril

Qual é a grande coisa do momento? Deus não vai ligar se eu resolver fazer isso, vai? Eu sei que não. Ou será que vai? Eu não sei mesmo. Mas eu sou dele e não vou fazer isso até ter certeza.

> ...porém [Asa] foi
> fiel a Deus toda a sua vida.
>
> 2 CRÔNICAS 15:17

Desça!

16 de abril

Eu me sinto ótimo hoje! Gostaria de me sentir assim para sempre, mas não dá. Cedo ou tarde, vou me levantar da minha nuvenzinha de alegria e descer da montanha. Deus está na montanha, mas Ele também está no vale.

Enquanto vocês têm a luz,
creiam na luz...

JOÃO 12:36

Seja de Deus

17 de abril

Eu sou de Deus. Vou sair do barco e correr até por cima da água. A água é profunda. Mas Ele pode fazer qualquer coisa. Ele não vai me deixar afundar. Ele está me chamando, e eu preciso ir!

...Simão Pedro... vestiu a capa... e se jogou na água.

JOÃO 21:7

Preparado ou não

18 de abril

Estou pronto, Senhor. Pronto para fazer alguma coisa grande e maravilhosa. Pronto para fazer alguma coisa tão pequena que ninguém vai perceber. Aqui estou eu. O Senhor pode me enviar.

...ele [Deus] o chamou...
– Estou aqui – respondeu Moisés.

ÊXODO 3:4

Não para mim

19 de abril

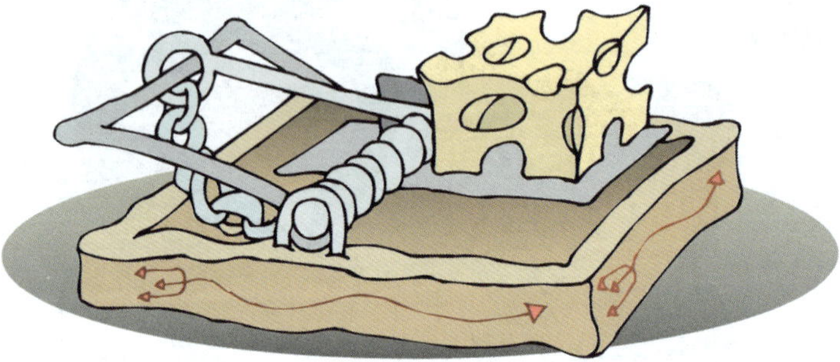

Muitas coisas vão tentar me afastar de Deus. Será que eu fiz algo de valor para Ele? Bom! Mas agora preciso tomar cuidado com as coisas pequenas, com aquelas que parecem não ser nada demais. Às vezes, elas podem ser a armadilha mais perigosa de todas!

Ele [Joabe] havia passado para o lado de Adonias, porém não havia passado para o lado de Absalão.

1 REIS 2:28

Preocupado!

20 de abril

Por que eu estou preocupado? Por que estou com medo? Por que eu acho que Deus vai se esquecer de mim? Ah, Senhor, perdoa-me, por favor! O Senhor não me esqueceu. Mas eu esqueci do Senhor.

> ...porque é o "sim" de todas as promessas de Deus. Por isso dizemos "amém"...
>
> 2 CORÍNTIOS 1:20

Não o machuque agora!

21 de abril

"O que você acha disto? E daquilo? Mostra-me primeiro, e depois vou acreditar!" Será que estou machucando Jesus com as perguntas que faço? Ele me ama e vai cuidar de mim. Ele está aqui.

– Faz tempo que estou com vocês, Filipe, e você ainda não me conhece?

JOÃO 14:9

Tchau!

22 de abril

Sinto saudade de uma pessoa que era muito importante para mim. Ela me mostrou como ser parecido com Jesus. E agora ela se foi. Mas Deus permitiu que ela fosse embora. Deus não quer que eu confie apenas em pessoas. Ele quer que eu sempre confie nele.

Portanto, todos nós, com o rosto descoberto, refletimos a glória que vem do Senhor.

2 CORÍNTIOS 3:18

Mãos à obra!

23 de abril

Aqui estão as minhas mãos, Senhor. O Senhor pode usá-las para fazer algo bem lindo. E aqui está o meu coração também. Ajude-me a amá-lo sempre. Ajude-me a não amar mais as coisas boas que faço do que ao Senhor.

Porque nós somos companheiros de trabalho no serviço de Deus...

1 CORÍNTIOS 3:9

O que querer

24 de abril

Eu posso trabalhar bastante e posso fazer bem feito. As pessoas vão gostar daquilo que eu fizer. Mas Deus não quer que eu ligue para o que as pessoas pensam. Ele quer que eu as ame. Ele quer que eu mostre para alguém o caminho para chegar até Ele.

Porém não fiquem alegres
porque os espíritos maus
lhes obedecem...

LUCAS 10:20

Com vontade

25 de abril

Não estou com vontade agora... Sei o que eu preciso fazer. E não quero fazer isso. Mas vou fazer. Deus me deu o melhor de si. Então, vou dar-lhe o meu melhor de mim a Ele (mesmo sem vontade hoje).

...pregue a mensagem...
seja no tempo certo ou não.

2 TIMÓTEO 4:2

Abraão confiou em Deus

26 de abril

Abraão amava o Senhor Deus. Ele estava pronto para fazer qualquer coisa que Deus pedisse, até mesmo ir contra tudo aquilo que ele acreditava. Podemos acreditar em coisas erradas. Abraão não confiava nas crenças que ele tinha. Ele confiava em Deus.

– Pegue agora Isaque,
o seu filho...

GÊNESIS 22:2

O que eu quero?

27 de abril

Quero fazer coisas grandes, e Deus pode permitir que eu as faça. Mas coisas grandes vêm e vão. Às vezes, elas acontecem por acaso. Deus nunca me dá nada por acaso. Deus me deu Jesus. Mas será que eu quero Jesus?

Será que você está querendo
ser tratado de modo diferente?

JEREMIAS 45:5

O que vou receber

28 de abril

Deus é maior do que a melhor coisa que eu puder fazer um dia. Ele vale muito mais do que qualquer coisa boa que um dia poderei segurar em minhas mãos. Vou parar de me preocupar tanto com coisas. Vou dar meu coração a Jesus.

...mas pelo menos
você escapará com vida,
esteja onde estiver.

JEREMIAS 45:5

Sem certeza!

29 de abril

Quem sabe o que vai acontecer hoje? Deus sabe! Ele sabe o que fazer! Deus sabe que caminho seguir. Deus sabe. E Ele me ama. Vou confiar nele e dar o próximo passo.

...ainda não sabemos
o que vamos ser.

1 JOÃO 3:2

Amor de verdade

30 de abril

Eu consigo amar. Não preciso odiar, e não preciso ficar com raiva. O amor de Deus está correndo dentro de mim igualzinho a um rio. Eu me esqueço de amar, e fico cheio de egoísmo. Mas, quando abro o meu coração, o rio de amor de Deus se derrama dentro de mim. Finalmente eu consigo amar.

Quem ama é paciente
e bondoso...

1 CORÍNTIOS 13:4

Luzes, câmera...

1.º de maio

No meu coração, eu quero fazer coisas boas. E, com essa mesma vontade, quero que as pessoas reparem em mim. Mas isso não é certo. Não sou um anjo; sou apenas uma criança — uma criança que Deus pode usar mesmo quando ninguém está olhando.

Porque vivemos pela fé
e não pelo que vemos.

2 CORÍNTIOS 5:7

Paciência

2 de maio

Eu consigo esperar. Deus é fiel, e Ele vai fazer o que diz!

...espere, ainda que pareça demorar...

HABACUQUE 2:3

Ore por ela!

3 de maio

Eu vou orar por ela. Vou orar para Deus mudar o coração dela. E, se Ele tem o poder de tocar nesse coração para transformar, vou deixar que Ele aja. Não vou atrapalhar. Não vou tentar ajudar. Se eu permitir que Deus faça a Sua parte, Ele vai fazer algo muito bom.

Orem sempre, guiados pelo Espírito de Deus...

EFÉSIOS 6:18

Ore por ele!

4 de maio

De vez em quando, eu quero as coisas do meu jeito. Quero que Deus faça as coisas do jeito que eu acho melhor. Eu quero que Ele faça as pessoas agirem do jeito que eu quero que ajam. Preciso parar de ser tão teimosa... Preciso ser mais parecida com Jesus.

...por causa da morte de Jesus
na cruz nós temos completa liberdade
de entrar no Lugar Santíssimo.

HEBREUS 10:19

Conte a ele!

5 de maio

Eu vou lhe contar sobre Jesus. Não preciso fazer com que ele mude de ideia. Não preciso mostrar cada um dos pecadinhos dele. O amor do Espírito Santo de Deus vai fazer tudo isso. Mas, primeiro, eu tenho de contar a ele que Jesus o ama.

...o julgamento já chegou,
e os que pertencem ao povo de Deus serão
os primeiros a serem julgados.

1 PEDRO 4:17

Conte a ela!

6 de maio

Eu vou lhe contar sobre Jesus. Pode ser que ela não goste e não queira ouvir. Mas Deus teve paciência comigo. Então, vou ser paciente com ela e vou lhe falar sobre Jesus. E um dia Deus vai lhe dar um lar celestial.

Cristo nos libertou
para que nós sejamos
realmente livres.

GÁLATAS 5:1

Esta velha casa

7 de maio

O que eu estou construindo? E de quem foi essa ideia? Um dia, Deus vai olhar tudo o que fiz. Se eu tiver feito do jeito de Deus, minha construção vai continuar. Mas, se não tiver — se nunca perguntei a Deus o que Ele queria de mim — minha construção irá desmoronar como um castelinho de areia.

...primeiro senta e
calcula quanto vai custar...

LUCAS 14:28

Preparar, apontar...

8 de maio

Sinto-me como um arco e flecha nas mãos de Deus. Ele me estica, me puxa. Às vezes, acho que vou quebrar, mas Deus não para. Ele continua esticando. Deus pode ver o alvo direitinho. E Ele vai acertar! Quando Deus fizer a parte dele, eu também vou fazer a minha!

Vocês têm obedecido à minha ordem
para aguentar o sofrimento...

APOCALIPSE 3:10

Não perca a sua visão

9 de maio

Deus está presente em tudo o que eu faço. Ele está nas coisas importantes e nas coisas pequenas também. Eu posso confiar nele quando o que preciso fazer é fácil. E posso confiar nele quando o que eu quero parece estar a muitos quilômetros de distância.

Um país sem a orientação de Deus
é um país sem ordem...

PROVÉRBIOS 29:18

Simplesmente faça!

10 de maio

Eu sei o que Deus quer. Então, vou levantar e fazer. Não vou deixar para depois. Também não vou ter medo, nem ficar preocupado, nem pedir para Deus me dar uma mensagem especial. Vou confiar nele. E vou fazer!

...façam todo o possível para juntar a bondade à fé que vocês têm.

2 PEDRO 1:5

Ele!

11 de maio

Deus, eu não consigo amá-lo. Ele é egoísta e malvado; igualzinho ao que eu era... igualzinho ao que eu sou. Mas o Senhor me ama mesmo assim. O Seu amor mudou o meu coração. Pode transformar o dele também. Então, eu vou amá-lo, assim como o Senhor me ama.

...façam todo o possível para juntar...
a amizade cristã...

2 PEDRO 1:5,7

Nada de costumes

12 de maio

Deus quer mudar meu coração, não apenas me dar bons hábitos. Minhas boas maneiras ficam me alertando: "Faça assim!" Eu posso prestar mais atenção aos meus bons hábitos do que a Deus. E o Senhor quer que eu só olhe para Ele. Deus quer colocar Jesus no lugar dos meus hábitos.

...são essas as qualidades que vocês precisam ter... e produzirão muita coisa boa como resultado do conhecimento que vocês têm do nosso Senhor Jesus Cristo.

2 PEDRO 1:8

É fácil

13 de maio

A voz suave de Deus está cochichando em meu ouvido. Ele está me mostrando a coisa certa a fazer. E eu vou ouvir quando Deus falar. Os mandamentos dele são fáceis de guardar. Eu só preciso dizer: "Tudo bem!"

> Por isso faço tudo para sempre
> ter a consciência limpa
> diante de Deus e das pessoas.
>
> ATOS 24:16

Até aqui

14 de maio

Na verdade, não gosto muito disso, aliás não gosto nada disso. Mas estou aqui. Deus me colocou aqui por um motivo. Então, vou deixar o amor carinhoso de Deus encher o meu coração — até mesmo aqui.

...para que também a vida dele [de Jesus] seja vista no nosso corpo.

2 CORÍNTIOS 4:10

Influência!

15 de maio

Eu vou passar adiante o que Deus me deu! Deus colocou o amor dele em meu coração. Agora, eu preciso distribuir este amor a mais alguém. E preciso deixar o amor dele transbordar pelas minhas mãos, pelos meus pés, pelo meu coração e pela minha boca... até chegar às pessoas!

...e conheçam a esperança para a qual ele os chamou.

EFÉSIOS 1:18

Tudo que preciso

16 de maio

Deus me ama e sabe o que eu preciso. Toda estrela no céu brilha à noite por causa do amor de Deus. Ele fez cada grãozinho de areia da praia. Deus sabe onde eu estou, Ele me ouve quando eu oro e me dará tudo o que preciso.

...ele nos tem dado os maravilhosos e preciosos dons que prometeu... para que... pudéssemos tomar parte na sua natureza divina.

2 PEDRO 1:4

Filho do Homem

17 de maio

Quanto Jesus me ama? Ele me ama tanto que se transformou em homem. Ele desceu do céu para ter um corpo de homem! Ele desistiu de estar ao lado de Deus para ser igual a mim. E, por causa disso, um dia vou sair do meu corpo e entrar no céu com Ele.

...Jesus se afastou deles
e foi levado para o céu.

LUCAS 24:51

Pense nas flores do campo

18 de maio

Os passarinhos não se preocupam com nada. As estrelas não ficam chateadas. As flores do campo não correm para fazer as coisas. Mas cada uma dessas criaturas está viva com o amor de Deus. Eu não preciso ser útil. Eu só preciso ser dele!

Vejam como crescem as flores do campo...

MATEUS 6:28

Juntos

19 de maio

Os problemas vão aparecer. Mas eu não vou ter medo. Deus está aqui, e Ele é maior do que qualquer problema. Nada vai me separar do amor de Deus. Minha mão está na mão dele. Juntos vamos passar por tudo isso. E juntos, vamos resolver os problemas que aparecerem.

Então quem pode nos separar
do amor de Cristo?

ROMANOS 8:35

Posso todas as coisas!

20 de maio

Consigo fazer isso — sei que consigo! Jesus vive em meu coração e não direi: "Não consigo." "Não consigo" quer dizer: "não vou fazer." Às vezes, me sinto triste, aborrecido ou preguiçoso. Mas o que eu sinto não tem importância, pois Jesus diz que posso todas as coisas se confiar nele!

Fiquem firmes, pois assim
vocês serão salvos.

LUCAS 21:19

Tudo

21 de maio

Por que me preocupar? Jesus me ama. Ele vai me dar tudo o que preciso. Eu não vou desperdiçar meu tempo pensando como conseguir mais coisas. Não preciso de mais coisas. Preciso de Jesus.

...ponham em primeiro lugar
na sua vida o Reino de Deus...

MATEUS 6:33

Por quê?

22 de maio

Por que me sinto tão sozinho? O que Deus está fazendo? Ele está respondendo a oração! Jesus orou para que eu fosse um com o Pai assim como Ele e o Pai são um. E agora Deus está respondendo a oração de Jesus. Ele está deixando eu me sentir sozinho para que eu possa chegar mais perto dele.

E peço que todos sejam um...

JOÃO 17:21

Cuidado agora!

23 de maio

Posso tomar muito cuidado. Posso me preocupar com cada coisinha. Posso resmungar e gemer por causa de cada coisinha minúscula e bem pequenina. Ou eu posso confiar nele.

...não se preocupem...

MATEUS 6:25

Caia, faça barulho

24 de maio

Ah, Deus, eu erro tanto... mas quero ser bom! Quero fazer as coisas certas. Mas por que eu não consigo? Por que é tão difícil? Erro tantas vezes e sempre caio. Mas o Senhor me segura com a Sua mão. O Senhor me envolve em Seus braços. Seu amor carinhoso leva todo o medo embora. Ah Deus, o Senhor é tão grande! E eu sou tão pequeno. Por favor, me perdoe. Eu quero ser igualzinho ao Senhor.

Quando eu o vi, caí aos seus pés, como morto.

APOCALIPSE 1:17

Muito interessante

25 de maio

Olhe para todas estas coisas lindas! Cada uma delas é boa, e todas vieram de Deus. Mas qual delas eu devo escolher? Eu não sei! Então, vou orar e ouvir. Deus vai me mostrar o que fazer.

Se você for para a esquerda,
eu irei para a direita...

GÊNESIS 13:9

Não pare agora!

26 de maio

Jesus disse para orarmos — e nunca pararmos de orar! Então, é isso mesmo que vou fazer. Vou contar a Ele sobre cada coisa boa que me deixa feliz. Eu vou lhe contar sobre o que entristece meu coração. Ele quer me ouvir. Ele quer escutar. Então, vou lhe contar tudo! Vinte e quatro horas por dia — tudinho, em todo tempo, em todo lugar, de todo jeito! Nunca, nunca, nunca vou parar. Eu vou orar!

Orem sempre.

1 TESSALONICENSES 5:17

Ele está aqui

27 de maio

Jesus está aqui. Seu Espírito Santo mora dentro do meu coração. Ele vai me ensinar o que é certo e o que é errado. Ele vai me segurar quando eu estiver com medo. Ele nunca está longe. Agorinha mesmo — neste minuto — Jesus está aqui!

...até que poder de cima
venha sobre vocês.

LUCAS 24:49

Nada de dúvida sobre isso

28 de maio

Jesus sabe o que fazer. Tudo vai ficar bem. Eu não preciso fazer perguntas nem preciso saber o porquê. Sou dele e Jesus está aqui. Tudo ficará bem.

– Quando chegar aquele dia, vocês não me pedirão nada...

JOÃO 16:23

Em nome de Jesus

29 de maio

O nome de Jesus não é uma palavra mágica que uso para conseguir tudo o que quero. Mas quando eu sou dele de verdade — quando o meu coração e a minha mente e tudo o que quero são dele — posso pedir qualquer coisa para Deus. E Ele vai fazer!

Naquele dia vocês
pedirão coisas em meu nome...

JOÃO 16:26

Sim, mas...

30 de maio

Eu quero seguir Jesus. Mas… e se Ele me pedir para fazer alguma coisa maluca? O que farei então? Vou confiar nele. Vou arriscar tudo e fazer o que Deus disser. Quando Ele me pedir para dar um salto de fé, vou confiar nele. E sei que Ele vai me amparar.

– Eu seguirei o senhor, mas...

LUCAS 9:61

O que Deus pode fazer

31 de maio

As pessoas vão me entristecer. Mas não vou deixar que elas me façam ficar nervoso. Sei o que o amor de Deus pode fazer. O amor de Deus pode derreter até o coração mais duro! Pode mudar qualquer um! Pode até me transformar.

Mas Jesus não confiava neles...
pois ele sabia o que
cada pessoa pensava.

JOÃO 2:24,25

Mas e Ele?

1.º de junho

Mas e ele? Deus pode salvá-lo? Será que o coração complicado dele pode ser trocado por outro novinho em folha? Deus é quem sabe! Ele já fez isso antes — já fez isso por mim. E sei que Deus o fará de novo.

– Homem mortal, será que esses ossos podem ter vida de novo?

EZEQUIEL 37:3

Cercado por Deus!

2 de junho

Deus quer me cercar! Ele quer encher a garagem, o armário e o porão do meu coração até que nada mais caiba nele. Nada de preocupações. Nada de cuidados. Nada de sombras nem medos. O Espírito de Deus afastou todos eles e os mandou embora. Vem me cercar, Jesus!

Aqueles que temem o SENHOR aprenderão com ele...

SALMO 25:12

Alegria secreta

3 de junho

Quem é o meu verdadeiro amigo? Aquele que divide as suas dores? Pode ser. Mas qualquer um pode fazer isso. E quase todos fazem isso. O verdadeiro amigo quer dividir sua alegria secreta. A alegria secreta de Deus é Jesus. Ele divide Jesus comigo. E agora eu sou a alegria secreta de Jesus.

O Senhor Deus é amigo daqueles que o temem...

SALMO 25:14

Jamais

4 de junho

Jesus disse que Ele nunca me deixaria. Ele que nunca pararia de me amar. E nenhum dos meus erros bobos ou pecados vai fazê-lo mudar de ideia.

Eu nunca os deixarei
e jamais os abandonarei.

HEBREUS 13:5

Não tenha medo!

5 de junho

Deus quer que eu fale o que Ele diz. E posso confiar em tudo o que Deus diz. Se estiver com medo? Vou me lembrar da Bíblia! E nela está escrito: "Não tenha medo!"

...Deus disse... Portanto,
sejamos corajosos...

HEBREUS 13:5,6

Trabalhe

6 de junho

Eu vou "praticar" o que Deus "fez em mim". Jesus mudou o meu coração. Mas será que as minhas palavras e os meus atos brilham com a luz do Seu amor? Nem sempre faço a coisa certa e, de vez em quando, eu nem quero fazer. Mas Deus vive em mim e me ajuda.

Continuem trabalhando...
para completar a salvação de vocês.

FILIPENSES 2:12

Meu único amor verdadeiro

7 de junho

O que é mais importante em minha vida? É uma pessoa? Uma coisa? Quando Jesus é o meu único amor verdadeiro, tudo começa a desabrochar e crescer assim como deve.

Eu farei qualquer coisa
que vocês me pedirem em meu nome.

JOÃO 14:14

Barco à vista

8 de junho

Minha vida é parecida com um barquinho ancorado no porto. A água está calma e silenciosa. A brisa está suave e quente, e eu estou seguro. Mas não posso permanecer aqui para sempre. Deus quer que eu me lance em mar aberto; que navegue pelas ondas agitadas. Ele quer que eu lhe dê o controle. Quer que eu vá, que confie nele e que o siga por onde Ele for.

Já que vocês conhecem
esta verdade, serão felizes
se a praticarem.

JOÃO 13:17

Pobre de espírito

9 de junho

Meu coração é parecido com um mendigo pobre e faminto. Sem Jesus, o meu coração fica vazio. Mas eu não tenho vergonha de pedir. Jesus ama os pedintes. O reino dos céus é deles!

Porque todos aqueles
que pedem recebem...

LUCAS 11:10

Toc toc!

10 de junho

Jesus disse: "peçam, e vocês receberão... batam, e a porta será aberta". Mas o que vou pedir? Será que preciso de mais coisas novas? Ou será que preciso que Jesus entre em meu coração — e deixe tudo novinho em folha?

...procurem e vocês acharão...

LUCAS 11:9

Venha a mim

11 de junho

Ah Deus, o que devo fazer? Não quero continuar a ser egoísta. Mas nem sei como parar! Será que Jesus disse: "Pare"? Não! Ele disse: "Venha!" Eu vou parar de tentar parar. Vou correr para os Seus braços. Cuidado, Jesus. Lá vou eu!

– Venham a mim...

MATEUS 11:28

Só catapora?

12 de junho

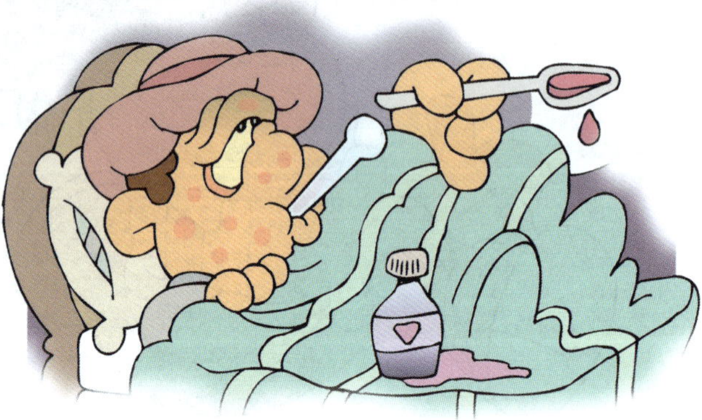

Jesus quer que eu seja parecido com Ele. Será que tudo em mim se parece com Jesus? Ou será que de vez em quando ainda sou egoísta? Será que estou manchado com pequenas bolinhas de egoísmo como se eu tivesse catapora? Jesus quer me curar por inteiro. Se eu o seguir, Ele vai me deixar parecido com Ele.

> – Rabi, onde é que o senhor mora?...
> – Venham ver! – disse Jesus...
>
> JOÃO 1:38,39

Nada de falar

13 de junho

Jesus quer que eu o siga. Ele quer que eu seja parecido com Ele em minhas atitudes. Não preciso falar aos outros como eles devem fazer as coisas. Preciso apenas seguir a Jesus. Então, eles o verão em mim.

– Venham comigo...

MARCOS 1:17

Não é comigo!

14 de junho

Eu posso confiar em Deus. Meu coração não precisa ser uma gaveta de bagunça, cheia de preocupações e dúvidas. Em todas as coisas grandes e assustadoras — e nas coisas pequenas e comuns — posso confiar nele. Não preciso ter medo.

Continuem unidos comigo...

JOÃO 15:4

Nada de mais

15 de junho

Jesus fez grandes coisas, e eu as quero fazer também. Mas não preciso ser uma estrela. Posso derramar o amor de Deus de várias maneiras. Jesus fez milagres maravilhosos. Mas Ele se ajoelhou e também lavou os pés sujos dos discípulos. Eu vou fazer coisas carinhosas também.

...façam todo o possível
para juntar...

2 PEDRO 1:5

Prove e veja

16 de junho

Minha vida nem sempre vai brilhar. A vida de Jesus não brilhou todo o tempo também. Mas Ele sempre seguiu Deus. Ele sempre foi carinhoso. Todos os dias, sempre.

Ninguém tem mais amor
pelos seus amigos do que aquele
que dá a sua vida por eles.

JOÃO 15:13

Não

17 de junho

Você gosta de ficar mostrando os erros dos outros? Jesus diz: "Não!" Deus pode fazer isso sem machucar. Mas eu não sou Deus. Quando aponto cada coisinha minúscula que está errada na vida do meu amigo, posso ter a certeza de que tem uma coisa maior e bem feia errada em minha vida.

– Não julguem os outros
para vocês não serem julgados...

MATEUS 7:1

Não olhe para baixo

18 de junho

Pedro andou por cima das águas. As ondas estavam agitadas. O vento estava forte. Mas Pedro não olhou para as ondas, nem sentiu o vento. Ele só viu Jesus. Posso fazer tudo o que Deus quiser — se ficar com os olhos fixos nele.

Porém, quando [Pedro] sentiu
a força do vento, ficou com medo...

MATEUS 14:30

É tudo para as ovelhas

19 de junho

Jesus quer que eu alimente o rebanho dele. Este "rebanho" está em todos os lugares. Posso alimentar as ovelhas sendo bondoso e carinhoso. Não preciso fazer as pessoas agirem como acho que elas devem. Só preciso amá-las.

"Você me ama?"...
– Tome conta das minhas ovelhas.

JOÃO 21:17

Quando dizer quando

20 de junho

Vou orar pela minha amiga. Ela precisa saber que Jesus a ama. Jesus quer ajudá-la. Não vou esperar até mais tarde. Ele quer que eu ore por ela. Vou fazer isso agora. Vou parar de pensar tanto nos meus próprios problemas e vou orar.

Depois que Jó acabou de orar pelos seus três amigos, o SENHOR fez com que ele ficasse rico...

JÓ 42:10

Não complique

21 de junho

Vou parar de me preocupar comigo mesmo. Vou me ajoelhar e orar pelos outros. Vou parar de pensar tanto em mim.

Mas vocês são...
os sacerdotes do Rei...

1 PEDRO 2:9

Um teste difícil

22 de junho

Meu amigo pode ser controlador e egoísta. Mas por que isso me incomoda? Será que é porque ele deveria saber que isso não se faz? Ou será que essas mesmas coisas estão no meu coração também? Deus me perdoa e da mesma maneira, posso perdoar o meu amigo.

Porque Deus julgará vocês
do mesmo modo que
vocês julgarem os outros...

MATEUS 7:2

Jesus reina!

23 de junho

Quem é o rei do meu coração? Quem manda nele? Jesus ou o pecado? Meu coração não pode ter dois reis. Quando sou egoísta, eu deixo que o pecado seja o rei no lugar de Deus. Deixo de viver a vida de Deus que existe em mim. Mas não quero entristecê-lo. Quero que Deus seja o meu Rei.

...ele suportou dores
e sofrimentos sem fim.

ISAÍAS 53:3

É o pecado

24 de junho

Existe alguma coisa errada comigo. É o pecado. Não é o meu jeito nem a minha personalidade — eu pequei. Isso quer dizer que sou egoísta. Acredito que o mundo gira ao meu redor. Nada pode me tornar melhor — a não ser o sangue de Jesus Cristo.

...esta é a hora de vocês
e também a hora do poder da escuridão.

LUCAS 22:53

Vá em frente

25 de junho

Não tem problema em chorar. Coisas ruins acontecem. Deus nunca errou, nunca parou de me amar. Ele está trabalhando para o meu bem mesmo que eu ainda não possa entender. Deus está aqui. E nós seguiremos em frente!

O que é que eu vou dizer?...
Pai, livra-me desta hora de sofrimento?

JOÃO 12:27,28

Novo a cada manhã

26 de junho

Jesus está pronto para me ajudar. Ele está pronto neste instante. Ele sabe o que eu preciso e quer me dar! O poço de amor de Jesus nunca seca. A ajuda de ontem acabou, e eu preciso dele agora. Então, vou pegar o meu balde e o encherei no grande poço de amor de Jesus. Em seguida, vou orar!

Portanto, nós, como companheiros de trabalho no serviço de Deus, pedimos o seguinte: não... fique sem proveito a graça de Deus...

2 CORÍNTIOS 6:1

Não se apoie nisso

27 de junho

No que estou me apoiando? Em alguma coisa fraca que está sem firmeza? Ou em alguma coisa firme e forte? Quando me apoio em Jesus, consigo ficar de pé. Mas se começo a me apoiar no meu jeito, nos meus planos e nas minhas coisas, e não em Jesus, minhas coisas vão quebrar! E eu vou cair.

> ...eu estarei com você
> para protegê-lo. Sou eu, o SENHOR,
> quem está falando.
>
> JEREMIAS 1:8

Peguei você!

28 de junho

Jesus é dono de mim, e eu sou dele! E vou falar sobre as coisas boas que Ele faz. Vou falar sobre a Palavra dele com amor e carinho. A Palavra de Deus vai trazer nova vida. Mas, primeiro, ela precisa purificar e limpar o meu coração.

...já fui conquistado
por Cristo Jesus.

FILIPENSES 3:12

Deixe disso!

29 de junho

Já não posso fazer mais isso. Sempre fiz e me acostumei. Isso nunca me incomodou nem um pouquinho. E meus amigos também fazem isso. Mas agora sei que isso entristece o coração de Deus. É como se fosse um pedacinho escuro e podre na maçã da minha vida. E, para Deus, eu sou a menina dos Seus olhos. Então, vou cortar tudo o que mancha a minha vida.

Se a sua mão direita
faz com que você peque...

MATEUS 5:30

Faça isso agora

30 de junho

Será que estou bravo com a minha amiga? Jesus diz: "Perdoe!". Mas eu estava certo, e ela estava errada! Não importa. Jesus diz: "Perdoe sua amiga. Faça a coisa certa". E Ele nos diz para fazermos isso agora.

...entre em acordo com essa pessoa enquanto ainda é tempo...

MATEUS 5:25

Coração triste

1.º de julho

Eu errei. Jesus me pediu para acertar o erro e perdoar. Mas eu não perdoei. Então, senti meu coração ficar trancado! E agora, ele não pode sentir alegria, pelo menos, enquanto eu não perdoar, não me corrigir e permitir que o Senhor transforme o meu coração. Por favor, transforma o meu coração, Jesus.

Eu afirmo a você que
isto é verdade:
você não sairá dali enquanto
não pagar a multa toda.

MATEUS 5:26

Não posso fazer isso

2 de julho

Ela é a minha melhor amiga. E sempre fazemos tudo juntas! Mas agora ela quer que eu faça algo errado — uma coisa que vai entristecer o coração de Deus! Eu a amo muito, mas não posso fazer isso. Meu coração é de Deus.

> – Quem quiser me acompanhar
> não pode ser meu seguidor se não
> me amar mais do que ama...
> até a si mesmo.
>
> LUCAS 14:26

Coloque ali

3 de julho

Oh, Senhor, por favor, me ajude. Faço o mesmo erro o tempo todo. Eu quero mudar. Sei que isto está errado. Leve meu egoísmo embora e queime-o com o fogo do Seu amor. Sei que vai doer, mas quero ser cheio de amor.

Então eu disse:
– Ai de mim! Estou perdido!
Pois os meus lábios são impuros...

ISAÍAS 6:5

Não se preocupe com isso

4 de julho

Ah, que coisa boba! Mais uma vez, fico aqui pensando nas coisas, no que pode acontecer... Deus vai resolver tudo. Mas, mesmo assim, fico achando que Ele não vai resolver as coisas do jeito que eu quero. E não precisa ser só do meu jeito! Quando eu abrir o meu coração para o jeito de Deus, todos esses pensamentos irão embora.

Não fique com raiva, não fique
furioso. Não se aborreça,
pois isso será pior para você.

SALMO 37:8

Confie em Deus

5 de julho

Eu posso confiar em Deus. Quando surgir um problema, Deus estará comigo. Quando as coisas boas acontecerem, Deus estará comigo também. Então, quando eu fizer planos, sempre me lembrarei: aconteça o que acontecer, Deus estará comigo.

Ponha a sua vida nas mãos
do Senhor, confie nele, e ele o ajudará.

SALMO 37:5

Sonho realizado

6 de julho

Tenho um sonho, e Deus vai realizar este sonho, porque a minha vida é dele. Meus sonhos também são dele. Ele pode lhes dar a forma que quiser. Vou deixar Deus moldar os meus sonhos. Eles estão em boas mãos. O Senhor está fazendo uma coisa linda.

A areia do deserto
virará um lago...

ISAÍAS 35:7

Igualzinho a Ele

7 de julho

Nem sempre é fácil fazer a coisa certa. E graças a Deus que não é! Seguir Jesus é um exercício bom, porque eu preciso me esforçar. Mas Jesus está transformando o meu coração, e Ele não vai parar até me deixar igualzinho a Ele. Ele me ama.

A porta estreita e o
caminho difícil levam para a vida...

MATEUS 7:14

Eu vou

8 de julho

Eu quero seguir Jesus. Mas para onde Ele vai me levar? Não sei mesmo. Mas sei que Ele me ama. Então, Ele estará comigo aconteça o que acontecer. E não ficarei com medo. Vou servir o Senhor!

...decidam hoje a quem vão servir.

JOSUÉ 24:15

Quem, eu?

9 de julho

Com certeza, Deus não quer que eu faça isto! Sou muito fraco e muito pequeno. Não sou bom o bastante. Mas Deus quer que eu faça uma coisa difícil. Quanto mais fraco e mais desprotegido eu for, melhor! Deus não está procurando alguém especial. Ele está procurando alguém que não tenha nada — só tenha o Seu Filho, Jesus.

Josué disse ao povo:
– Vocês não podem servir o SENHOR...

JOSUÉ 24:19

Hora de acordar

10 de julho

Jesus me ama. Ele quer que eu seja feliz, mas não preguiçoso. Jesus quer agitar o meu coraçãozinho sonolento. Ele quer que eu faça muitas coisas boas. Ele quer que eu saia por aí e fale para os meus amigos sobre o amor que Ele tem por nós.

...a fim de ajudarmos todos a terem mais amor e a fazerem o bem.

HEBREUS 10:24

Que eu possa conhecê-lo

11 de julho

Eu quero conhecer Jesus. Quero servi-lo. Mas não quero ficar confuso. Não quero achar que as coisas boas que faço são mais importantes do que Jesus. Não quero ficar olhando para as coisas boas que faço. Quero olhar apenas para Jesus.

Tudo o que eu quero é
conhecer a Cristo...

FILIPENSES 3:10

Crescendo com a Igreja

12 de julho

Jesus quer que eu seja parte do Corpo dele, a Sua Igreja. Toda a pessoa que ama Jesus faz parte do Corpo dele. O Corpo de Jesus precisa que eu faça a minha parte. Eu preciso cuidar dos outros, não apenas de mim mesmo. Então, vou ajudar a Igreja crescer!

Desse modo todos nós chegaremos
a ser um na nossa fé e no
nosso conhecimento do Filho de Deus.

EFÉSIOS 4:13

Tchau, velho amigo

13 de julho

Meu amigo se mudou, e tive de me despedir dele. Ai, como sinto saudade dele. Meu coração se sente vazio sem ele. Mas agora eu tenho um lugarzinho maior para Jesus em meu coração. Jesus vai encher o espaço vazio com o Seu amor.

No ano em que o rei Uzias morreu,
eu vi o Senhor...

ISAÍAS 6:1

Covarde!

14 de julho

Ele me machucou, e quero machucá-lo também! Mas não devo fazer isso, porque isso deixaria Jesus triste. Não sou covarde. Sou alguém que segue Jesus. Então, vou perdoar. E vou virar o outro lado do meu rosto.

...Se alguém lhe der um tapa na cara, vire o outro lado para ele bater também.

MATEUS 5:39

Devo essa!

15 de julho

Eu devo tudo a Jesus. Então, vou deixá-lo transformar meu coração. Vou deixá-lo me usar para derramar o amor dele. Aqui estou, Senhor. Leva-me para onde o Senhor quiser. Meu coração é Seu.

Pois é meu dever pregar a todos...

ROMANOS 1:14

Ele não vai esquecer

16 de julho

Não tenho certeza sobre o que devo fazer. Mas não vou ficar pensando nisso. Por que eu precisaria me preocupar? Deus é meu Pai. Ele me ama. E nunca vou pensar que Ele possa se esquecer de alguma coisa!

...Quanto mais o Pai de vocês,
que está no céu, dará coisas boas
aos que lhe pedirem!

MATEUS 7:11

Eu não consigo vê-lo!

17 de julho

Será que eu desejo que as pessoas gostem de mim? Quero que elas vejam como sou bom? Isso parece bom! Mas, quando as pessoas olham para mim, elas não conseguem ver Jesus. A solução para este problema é bem simples. Jesus quer que eu pare de querer impressionar todo mundo! Agora mesmo!

...quando fui... a vocês...
não usei muitas palavras nem
grande sabedoria.

1 CORÍNTIOS 2:1

Meu Mestre

18 de julho

Muitas pessoas gostariam de me dizer o que fazer. Elas gostariam de me ver fazer algumas coisas que entristeceriam o coração de Deus. Mas não vou ouvi-las. E não preciso ouvi-las! Meu coração só ouve uma Pessoa, e o Seu nome é Jesus Cristo.

– Quem é o senhor?
– perguntou ele.

ATOS 9:5

Você tem valor

19 de julho

Deus não vai me obrigar a obedecer. Se Ele me obrigasse, Ele seria um professor malvado que não liga para mim. Mas, quando vejo quem Deus é — quando sinto o amor dele em meu coração —, só posso dizer: "Sim, Senhor, vou fazer aquilo que o Senhor disser!"

Vocês me chamam de "Mestre" e
de "Senhor" e têm razão,
pois eu sou mesmo.

JOÃO 13:13

Tesouro

20 de julho

Há momentos em que Deus faz coisas maravilhosas. E isso é muito legal. Mas não posso deixar que a minha vontade de ver o que Deus pode fazer roube de mim o tesouro de saber quem Ele é. Ele me ama!

...mas os que confiam no SENHOR...
andam e não se cansam.

ISAÍAS 40:31

Feliz assim

21 de julho

Eu tento tanto ser bom... Tento fazer o que Jesus diz, mas não consigo! Será que Deus está bravo comigo? Não! Sou abençoado! Jesus diz: "Pare de tentar ser bom. Deixe-me entrar em sua vida. Posso mudar o seu coração."

> – Felizes as pessoas que sabem que são espiritualmente pobres...
>
> MATEUS 5:3

Santos e crianças

22 de julho

Sou um amigo legal, e gosto de ajudar. Meus pais têm orgulho de mim. Quero crescer para ser alguém especial. E isso é bom. Mas Deus quer algo diferente. Ele me quer! Ele quer que o meu coração seja a casa dele.

> O que Deus quer de vocês é isto: que sejam completamente dedicados a ele...
>
> 1 TESSALONICENSES 4:3

É meu

23 de julho

Tudo o que Deus tem é meu: a bondade, o amor, a santidade, a fé... Tudo! Ele me deu tudo isso. Porque eu mereço? Não. Porque Ele me ama!

E é por meio de Cristo que somos aceitos por Deus, nos tornamos o povo de Deus e somos salvos.

1 CORÍNTIOS 1:30

Ser ou não ser

24 de julho

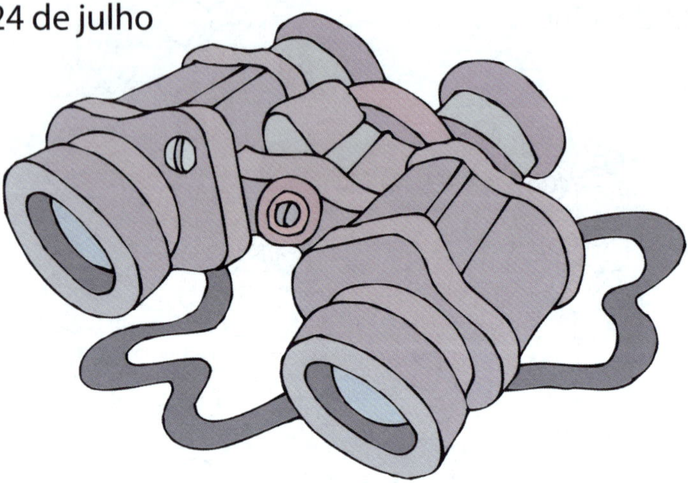

Jesus quer que eu faça as coisas certas. Mas acima de tudo, Ele quer que eu *seja* certo. Deus vê todas as coisas boas que faço. Mas por que eu as faço? Jesus quer que os meus motivos sejam limpos e puros assim como Ele é.

...só entrarão no Reino do Céu
se forem mais fiéis
em fazer a vontade de Deus...

MATEUS 5:20

Dinamite

25 de julho

A Palavra de Deus é parecida com a dinamite! Em meu coração, ela vai explodir tudo que não foi feito por Jesus. Nem sempre eu entendo a Palavra de Deus. Mas, quando fico quietinho — e escuto com o meu coração — *BUM!* O Espírito de Deus explode a escuridão e eu posso ver.

– Felizes...

MATEUS 5:3

Puro de coração

26 de julho

Deus conhece o meu coração. Ele conhece as coisas boas que vivem nele; e conhece as coisas ruins também. Não preciso fingir que não tem coisas ruins no meu coração. Deus pode consertá-las. Mas primeiro, tenho de dar-lhe o meu coração.

Porque é do coração que vêm...

MATEUS 15:19

O jeito de saber

27 de julho

Será que quero saber o que a Bíblia quer dizer? Então, preciso fazer o que ela diz. Será que não entendo direito o que Deus quer? Então, deve existir alguma coisa que eu não queira obedecer! Talvez, eu não queira dividir minhas coisas. Talvez, não queira perdoar a alguém. Mas, se eu permitir, o Espírito de Deus me mostrará o que fazer.

Quem quiser fazer
a vontade de Deus saberá se o meu
ensino vem de Deus...

JOÃO 7:17

Qual é o objetivo de Deus?

28 de julho

Eu fiz exatamente o que Deus disse. Agora, Ele precisa fazer de mim um sucesso! Certo? Pode ser… Mas o objetivo de Deus não é o meu sucesso. Esse é o meu objetivo. O objetivo de Deus é que eu confie nele e trate bem as pessoas enquanto tento fazer a vontade dele.

Logo depois, Jesus ordenou
aos discípulos que subissem no barco
e fossem na frente…

MARCOS 6:45

Eles vieram com Ele!

29 de julho

O céu está escuro com nuvens carregadas. Será que Deus foi embora? Não! *As nuvens são o sinal de que Ele está aqui*. Sem elas, eu não teria fé — a fé de que Deus pode soprar as nuvens para longe. E quando Ele fizer isso, a luz, limpa e brilhante, brilhará no meu coração.

Olhem! Ele vem com as nuvens!

APOCALIPSE 1:7

Apenas uma ilusão

30 de julho

Pensei que ela ajudaria. Pensei que ela se importasse. Ela era a minha única amiga de verdade. Como ela pôde fazer isso comigo? No começo, fiquei triste. Mas agora entendo. Deus não quer que eu dê o meu coraçãozinho a ninguém; só a Jesus. E, quando o meu coração é de Jesus, ninguém pode me machucar.

Mas Jesus não confiava neles...
pois ele sabia o que cada pessoa pensava.

JOÃO 2:24,25

Zezinho desmazelado

31 de julho

Jesus me ama — com meus erros e tudo mais. Mas Ele não vai me deixar desse jeito! Deus diz: "Coloque os tênis! Abotoe a camisa! Feche bem o cinto!" Ele vai terminar o que começou. E meu coração será lindo.

Que essa perseverança
seja perfeita...

TIAGO 1:4

Eu fui?

1.º de agosto

Deus disse: "Vá". Mas eu fui? Ou me preocupei só comigo mesmo? Meu amigo precisa conhecer Jesus. Não vou deixar o amor de Deus trancado dentro de mim. Vou dá-lo de presente aos outros. Eu vou.

...Jesus saiu daquele lugar e foi ensinar e anunciar a sua mensagem...

MATEUS 11:1

Força!

2 de agosto

O problema vai aparecer. Mas não estou com medo. Deus é maior do que qualquer problema. Posso encarar o meu medo e olhar bem nos olhos dele. Jesus diz: "Aguente firme e lute." Para onde foi o meu medo? Quando eu o entreguei a Jesus, ele se transformou em outra coisa. O que me deixava fraco agora me deixa forte!

...tenham coragem.
Eu venci o mundo.

JOÃO 16:33

Deus grande

3 de agosto

Deus me escolheu. Ele tem um plano para a minha vida. Iremos juntos a muitos lugares. Juntos, faremos coisas maravilhosas! Mas o plano dele é muito maior do que lugares ou coisas. Não posso ver este plano agora, mas sinto o chamado em meu coração. E meu coração está me chamando para Ele!

– Escutem! Nós estamos indo para Jerusalém...

LUCAS 18:31

Deus corajoso

4 de agosto

Quem Deus pode usar? Essa é fácil! Deus pode usar qualquer um — qualquer um que o colocar em primeiro lugar. Minha amizade com Deus é o mais importante em minha vida.

Jesus levou os doze discípulos para um lado...

LUCAS 18:31

O que Deus está fazendo?

5 de agosto

Por que isto aconteceu? O que Deus está fazendo? Eu não sei, mas Deus sabe. E posso descansar e confiar nele. Deus vê o que eu não vejo. Ele está usando isto para fazer uma coisa linda!

Os discípulos não entenderam nada do que Jesus disse.

LUCAS 18:34

Por que orar

6 de agosto

Deus conhece o meu coração. Ele sabe o que preciso. Antes mesmo de eu pedir, a resposta dele já está a caminho! Jesus quer muito ouvir a minha voz. Ele morreu para me deixar livre. Ah, como Ele me ama! Vou conversar com Ele.

Naquele dia vocês pedirão coisas em meu nome...

JOÃO 16:26

Na casa do meu Pai

7 de agosto

Quero morar na casa do meu Pai. Quero me aconchegar em Seus braços. Quero que o coração dele bata dentro do meu coração. Quero ouvir a voz suave de Deus. Oh, Senhor, faça o que quiser em minha vida!

Não sabiam que eu devia estar
na casa do meu Pai?

LUCAS 2:49

Espaço para Ele

8 de agosto

Deus colocou o Filho dele em minha vida. E agora, Jesus nasceu de novo dentro do meu coração. Ele vai morar e crescer lá. Quando Maria deu à luz ao bebê Jesus, não tinha lugar para Ele na hospedaria. Mas, hoje, tem muito espaço para o Espírito dele — bem aqui no meu coração!

– O Espírito Santo virá sobre você...
Por isso o menino
será chamado de santo e Filho de Deus.

LUCAS 1:35

Simplesmente lindo

9 de agosto

Será que Deus me ouve quando eu oro? Claro que sim! Deus sempre vai ouvir as orações do Filho dele, Jesus. E o Filho dele está vivo — vive bem aqui no meu coração!

– Pai, eu te agradeço porque me ouviste.

JOÃO 11:41

Ninguém sabe

10 de agosto

Minha amiga está triste, e quero ajudá-la. Mas não sei o que dizer nem o que fazer. Sei que ela ama Jesus. Então, ela está em boas mãos. Não preciso me intrometer no caminho de Deus. Vou orar e Jesus vai curar o coraçãozinho triste dela.

...os que sofrem porque esta é a vontade de Deus para eles devem... entregar-se completamente aos cuidados do Criador...

1 PEDRO 4:19

Isto vai passar

11 de agosto

Sinto me tão sozinho... Sinto saudade do meu amigo. Em todos os lugares em que vou, lembro-me das coisas que fazíamos juntos. Não consigo parar de pensar no meu amigo. Mas Deus quer que eu pense nele. Meu amigo confiou em Deus; e eu vou confiar também!

E nunca mais ele viu Elias.

2 REIS 2:12

Descanse

12 de agosto

Será que ouvi o vento forte? Será que vi as ondas agitadas? Será que senti o mar furioso? Não, me desculpe. Deixei de ver tudo isso. Eu estava aqui com Jesus. Só conseguia enxergar Jesus.

– Por que é que vocês são assim tão medrosos? ...Como é pequena a fé que vocês têm!

MATEUS 8:26

Silêncio agora

13 de agosto

A voz de Deus é suave e tranquila. Eu preciso estar quietinho para ouvi-la. Será que Deus está dizendo: "Pare"? Então eu vou parar. Ele não precisa gritar, pois estou ouvindo.

Não atrapalhem a ação
do Espírito Santo.

1 TESSALONICENSES 5:19

Deixe-o

14 de agosto

Jesus me ama. Por isso, Ele vai me corrigir quando eu estiver errado. Mas eu não gosto de ser corrigido. Sei que Deus pode fazer de mim uma coisa linda. Será que o amo o bastante para deixá-lo me transformar?

...não se desanime
quando ele o repreende.

HEBREUS 12:5

Nascido de novo

15 de agosto

Quem pode nascer de novo? Eu posso! Posso parar de fingir que sou bonzinho. Posso deixar de lado os meus pecados e o meu egoísmo. Agora, Jesus pode entrar em mim. Agora, o amor dele pode deixar meu coração novinho em folha.

...vocês precisam nascer de novo.

JOÃO 3:7

Será que eu o conheço?

16 de agosto

Será que já pensei se Jesus pode mesmo fazer o que as pessoas dizem que Ele faz? Será que duvido dele? Será que faço o que quero ou o que Jesus quer? Todas as minhas dúvidas e os meus sentimentos egoístas desaparecerão quando eu for amigo de Jesus de verdade.

...ele as chama pelo nome...

JOÃO 10:3

Difícil

17 de agosto

Será que Jesus me pediu para fazer uma coisa difícil? Será que Ele quer que eu faça o que não quero fazer? Agora Deus está olhando dentro do meu coração. Ele está limpando e purificando o meu coração. Ele não me obrigará a fazer o que Ele quer, mas, se eu o amar de verdade, vou fazer o que Ele pedir.

Venda tudo o que você tem...
Depois venha e me siga.

LUCAS 18:22

Mas como?

18 de agosto

Como posso fazer isso? É tão difícil. É claro que Deus não quer que eu faça isso! Mas eu sou dele. E tudo o que tenho é dele também. Então, vou deixá-lo fazer de mim e me usar da maneira que Ele quiser.

> Quando o homem ouviu isso,
> ficou muito triste, pois era riquíssimo.
>
> LUCAS 18:23

Direto para Jesus

19 de agosto

Deus quer que eu seja saudável e cheio de Jesus. Nada deve atrapalhar a minha amizade com Ele. Se algo entrar no meio de nós, precisarei cuidar disso na mesma hora. Depois, poderei ir direto para Jesus.

– Venham a mim...

MATEUS 11:28

Paz — fique quietinho!

20 de agosto

Há algo interferindo entre Jesus e eu? E isso está me trazendo dúvidas, preocupações e me deixando irritado? Vou falar com Deus sobre isso. Ele vai soprar tudo isso para bem longe de mim, e vai colocar Jesus no centro de tudo.

...e eu lhes darei descanso.

MATEUS 11:28

Pobre de espírito

21 de agosto

Jesus me ama. Não preciso ser forte ou linda. Não preciso ser importante, útil ou saber tudo. Não preciso ser nada disso. Aqui estou, Senhor. Ah, como o amo, Senhor.

– Felizes as pessoas que
sabem que são espiritualmente pobres…

MATEUS 5:3

Bom, melhor e excelente

22 de agosto

Será que cheguei ao fim da linha? Que bom! Será que estou prestes a soltá-la? Melhor ainda! Será que deixei escapar e vou cair? Excelente! Pelo menos, estou aos pés de Jesus. Agora, Ele pode mudar o meu coração. Ele vai me encher com o Espírito Santo.

...aquele que virá depois
de mim os batizará com o Espírito Santo...

MATEUS 3:11

O lugar secreto

23 de agosto

Onde é o meu lugar secreto — o lugar onde Deus pode tocar o meu coração — o lugar onde podemos estar sozinhos? É neste lugar que Jesus quer que eu more. Vou correr para encontrá-lo ali!

...vá para o seu quarto, feche a porta e ore ao seu Pai, que não pode ser visto.

MATEUS 6:6

Eu esqueci

24 de agosto

Será que Deus se esqueceu de responder a minha oração? Ou eu esqueci de ser carinhoso e bondoso? Vou pedir para Deus me perdoar. Vou pedir para os meus amigos me perdoarem também. Agora, quando orar, sei que Deus vai me responder.

Por acaso algum de vocês...
será capaz de dar uma pedra ao seu filho,
quando ele pede pão?

MATEUS 7:9

Amigos

25 de agosto

Aqui está o meu coração, Senhor. E aqui está a minha vida também. Por favor, ensine-me a amar. Que eu possa querer muito fazer a Sua vontade. Ah, como amo o Senhor! Ele é meu amigo.

...chamo vocês de amigos...

JOÃO 15:15

Anulando Deus?

26 de agosto

Será que me preocupo muito e fico irritado por qualquer coisinha? A preocupação é parecida com uma borracha: ela apaga o rosto de Deus até eu não conseguir vê-lo mais. Vou parar de anular a presença de Deus. Deus não está preocupado. Vou confiar nele e olhar para cima!

– Deixo com vocês a paz.
É a minha paz que eu lhes dou...

JOÃO 14:27

Mãos na massa

27 de agosto

Deus me mostrou o que fazer? Então, vou fazer o que Ele mostrou! Ele me disse para perdoar? Ele me pediu para dividir Seu amor? Ele me mostrou que caminho seguir? Então, vou fazer tudo isso e colocarei as mãos na massa!

Vivam a sua vida enquanto
vocês têm esta luz, para que a escuridão
não caia de repente sobre vocês.

JOÃO 12:35

Aprender a orar

28 de agosto

Por que preciso orar? Será que preciso orar para ter as coisas? Será que preciso orar para mudar as coisas? Sim! Mas o que será que vou conseguir? E o que Deus vai mudar? Isso é fácil! Vou me aproximar de Jesus. E Deus vai me mudar!

– Senhor, nos ensine a orar...

LUCAS 11:1

Agora é minha

29 de agosto

Eu confio mesmo em Deus? Então, Ele vai testar a minha fé. Posso acreditar nele quando tudo o que vejo e escuto me diz que Ele está errado? É esse o teste! Jesus diz: "Confie em mim e não tenha medo." Quando confio nele, a fé é minha!

– Eu não lhe disse que,
se você crer, você verá a revelação
do poder glorioso de Deus?

JOÃO 11:40

Procurado!

30 de agosto

Deus me usou? Que bom! Vou lhe agradecer! Mas nunca posso esquecer que Deus pode usar quem Ele quiser. Ele pode usar um jumentinho ou pode usar um rei! O que vale mesmo é que Jesus me quer. Ele me ama!

...fiquem alegres porque...
o nome de cada um
de vocês está escrito no céu.

LUCAS 10:20

Alegria!

31 de agosto

O que é alegria? É a felicidade que sentimos quando estamos bem? É o entusiasmo de fazer o que Deus quer? Ou é simplesmente saber que pertenço a Ele — que Jesus me ama — e que Ele mora bem aqui, dentro do meu coraçãozinho?

...para que a minha alegria
esteja em vocês, e a
alegria de vocês seja completa.

JOÃO 15:11

Santo

1.º de setembro

Sou de Deus e meus pés vão segui-lo por onde Ele me guiar. Meus lábios falarão Suas palavras de vida. Meus pensamentos serão limpos, claros e puros. Olhe bem dentro do meu coração, Senhor. Queime as coisas que o deixam triste. Eu quero ser igualzinho o Senhor.

"Sejam santos porque eu sou santo."

1 PEDRO 1:16

Abra!

2 de setembro

Para Deus não importa se sou bom só por fora. Ele não se importa com as muitas coisas legais que tenho. Ele quer apenas que eu seja parecido com Jesus. Ele não quer que a minha vida fique fechada igual a uma garrafa com a tampinha. Ele quer que eu tire a tampinha e me derrame, e que mostre quem eu sou.

Rios de água viva vão jorrar
do coração de quem crê em mim.

JOÃO 7:38

Derrame

3 de setembro

Deus me deu alguma coisa boa? Mas se eu guardá-la só para mim, ela vai azedar. Mas se eu a derramar como se ela fosse um presente para as outras pessoas, ela será tão doce para os meus amigos quanto foi para mim!

...ele não bebeu daquela água;
em vez disso, a derramou como uma
oferta a Deus, o SENHOR...

2 SAMUEL 23:16

Dele!

4 de setembro

Sou de quem? Será que sou da minha mãe? Do meu pai? Dos meus amigos? De mim mesmo? Todas essas pessoas me amam muito. E eu amo cada uma delas. Mas meu coração é de Jesus.

Eles eram teus,
e tu os deste para mim.

JOÃO 17:6

No jardim

5 de setembro

Quando tive um problema, Jesus entrou no jardim do meu coração. Ele ficou comigo até a tempestade horrível passar. Agora, Jesus quer que eu entre no jardim do Seu coração. Ele quer que eu me ajoelhe ao lado dele. Nós vamos orar juntos pelos meus amigos.

– Será que vocês não podem vigiar comigo...?

MATEUS 26:40

Amor como um rio

6 de setembro

O amor de Deus é parecido com um rio poderoso. Tem alguma coisa no caminho dele? O amor de Deus vai passar por ele — e deixá-lo limpinho!

...rios de água viva...

JOÃO 7:38

Tire a tampa

7 de setembro

O rio do amor de Deus está jorrando da minha vida? Ou será que estou impedindo? Vou fazer tudo para ele jorrar! Vou dar meu coração a Deus. Não sou um mar morto e gelado onde a água não pode jorrar. Sou um rio de vida — um rio da vida de Deus!

...a água que eu lhe der
se tornará nela uma fonte de água
que dará vida eterna.

JOÃO 4:14

Todas as peças

8 de setembro

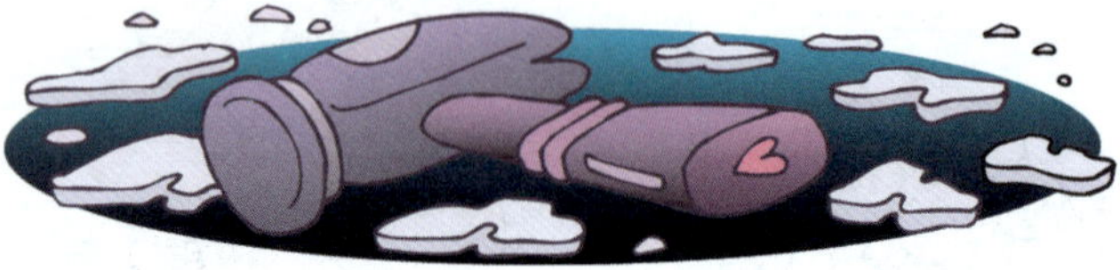

Jesus mora dentro do meu coração. E o amor dele mandou todos os meus pecados embora. Mas alguma coisa está errada. Quando alguém me machuca, meu coração quer odiar essa pessoa. Não quero amar alguém tão diferente de mim. Será que Jesus se esqueceu de consertar essas coisas? Não! Ele quer que eu as deixe nas mãos dele. Preciso lhe entregar as partes de mim que sentem ódio. Não posso mais guardar essas coisas. Preciso me livrar delas.

...Dominamos todo pensamento
humano e fazemos
com que ele obedeça a Cristo.

2 CORÍNTIOS 10:5

Vou fazer!

9 de setembro

Quero fazer muitas coisas boas para Deus. Mas o mais importante: quero obedecer-lhe. Se pensar em algo bom para fazer, vou contar a ideia para Deus. E se Ele disser: "Faça isso", eu farei!

...levamos cativo todo pensamento,
para torná-lo obediente a Cristo.

2 CORÍNTIOS 10:5 (NVI)

Na frente de todos

10 de setembro

Passo algum tempinho sozinho com Deus? Digo a Ele como me sinto? Escuto a voz suave de Deus? Se eu o conhecer aqui, no lugarzinho calmo e secreto, meu coração será tranquilo e feliz mesmo quando tiver pessoas barulhentas perto de mim.

...eu já tinha visto você
sentado debaixo daquela figueira.

JOÃO 1:48

Pés bonitos

11 de setembro

Onde Deus me colocou? O que Ele quer que eu faça? Será que estou vendo um pé sujo? Vou encher uma bacia com água, pegar uma toalha. Vou lavar os pés e deixá-los limpos e cheiroso. Vou fazer coisinhas carinhosas para Jesus.

...vocês devem lavar os pés
uns dos outros.

JOÃO 13:14

Confuso?

12 de setembro

Não entendo por que isto está acontecendo. Não sei direito o que fazer. Mas sei que Jesus me ama. Ele está me ensinando a confiar nele. E o único jeito de sair do problema é passando por ele com Jesus.

– Vocês não sabem
o que estão pedindo.

MATEUS 20:22

Eu me rendo!

13 de setembro

Jesus quer o meu coração. Ele quer que o meu coração seja dele. Mas Ele nunca me obrigará a lhe entregar. Ele nunca implora ou insiste. Jesus está esperando. Será que vou lhe dar o meu coração?

...terminando assim o trabalho
que me deste para fazer.

JOÃO 17:4

Que bagunça!

14 de setembro

Meu coração está tão confuso que não consigo dormir à noite. Minha cabecinha está uma bagunça! E o que essa preocupação toda fez? Fiquei todo enrolado nos cobertores! Desculpe, Senhor. Vou parar de me preocupar. Se eu simplesmente seguir o Senhor, tudo vai ser mais simples.

...a devoção sincera
e pura a Cristo.

2 CORÍNTIOS 11:3

Para a luz

15 de setembro

Estou bravo com o meu amigo? Então, vou pegar esse sentimento ruim e levá-lo para receber a luz de Deus. Ele vai mandá-lo para longe de mim. E em seguida, meu coração vai ficar limpo e puro.

Nós rejeitamos tudo
o que é feito escondido...

2 CORÍNTIOS 4:2

Por que Deus ouve?

16 de setembro

Será que Jesus me ouve quando oro? Pode apostar que sim! Mas por quê? Porque eu uso as palavras certas? Porque sou honesto e sincero? Não, não preciso deixar Deus impressionado comigo. Ele me ouve porque me ama. Sou filho dele!

...ore ao seu Pai,
que não pode ser visto.

MATEUS 6:6

Isso é uma tentação!

17 de setembro

Querer fazer uma coisa errada não me torna uma pessoa má. De vez em quando, as pessoas querem fazer algo errado. Mas Deus me ajuda a não errar. Ele quer que eu confie nele quando sou tentado a errar. Vou fazer o que é certo se fugir das coisas erradas e ir para perto de Deus.

As tentações que vocês têm
de enfrentar são as mesmas que
os outros enfrentam...

1 CORÍNTIOS 10:13

Então tome cuidado!

18 de setembro

Satanás vai me tentar. Ele quer que eu peque. Os amigos podem querer que eu faça coisas erradas. Mas Satanás quer uma coisa muito pior! Ele quer que eu pare de amar e me preocupar. Ele quer que a minha amizade com Jesus acabe.

O nosso Grande Sacerdote não é como aqueles que não são capazes de compreender as nossas fraquezas.

HEBREUS 4:15

Escorregar e cair

19 de setembro

Quero seguir Jesus. Mas, às vezes, Ele me guia em meio às dificuldades. Jesus viveu problemas e tentações quando esteve aqui na terra. Agora, Ele quer que eu o siga ao enfrentar os meus problemas e tentações. Se andar com Ele, não vou escorregar e cair.

– Vocês têm estado sempre comigo nos meus sofrimentos.

LUCAS 22:28

É de você que eu gosto

20 de setembro

De algumas pessoas eu gosto e de outras não! Nem sempre vou gostar de toda pessoa que conhecer. Mas, se o meu coração for de Jesus de verdade — se eu estiver andando na luz de Jesus — Ele vai me mostrar como amar as pessoas (quer goste delas ou não!).

Portanto, sejam perfeitos
em amor, assim como é perfeito o Pai
de vocês, que está no céu.

MATEUS 5:48

Para sempre

21 de setembro

Quem sou eu? Por que estou aqui? Essa é fácil! Sou de Deus. O Senhor me criou, e eu sou livre para adorá-lo e me alegrar em Seu amor — para sempre!

> Quando eu não havia nascido, o Senhor me escolheu para ser seu servo...
>
> ISAÍAS 49:5

Sim, Mestre!

22 de setembro

Jesus nunca me obrigará a obedecer. Bem que gostaria que Ele me obrigasse de vez em quando. E, às vezes, eu queria apenas que Ele me deixasse no meu canto. Mas Deus me ama demais para agir assim; Ele está me ensinando a ouvir e a confiar nele. Ele está me ensinando a amar.

Vocês me chamam de "Mestre"
e de "Senhor" e têm
razão, pois eu sou mesmo.

JOÃO 13:13

Crescendo

23 de setembro

O que quero ser quando crescer? Ainda não sei direito. Mas sei de uma coisa: meus planos podem mudar. Meus sonhos podem mudar também. Mas, aconteça o que acontecer, quero ser de Deus.

– Escutem! Nós estamos indo para Jerusalém...

LUCAS 18:31

Prepare-se

24 de setembro

O que quero ser quando crescer? Ainda não sei direito. Mas sei de uma coisa: meus planos podem mudar. Meus sonhos podem mudar também. Mas, aconteça o que acontecer, quero ser de Deus.

...vá logo fazer as pazes com
o seu irmão. Depois volte e ofereça
a sua oferta a Deus.

MATEUS 5:24

Eu também posso

25 de setembro

Jesus quer que eu faça o impossível. Alguém me deixou triste? Jesus diz: "Perdoe e esqueça o que aconteceu." Mas isso é impossível! É mesmo! Mas Ele vai perdoar e esquecer — então, eu também posso.

Se um dos soldados estrangeiros forçá-lo a carregar uma carga um quilômetro, carregue-a dois quilômetros.

MATEUS 5:41

Volte

26 de setembro

Estou bravo com ela, e ela comigo. Agora, quero cantar e agradecer a Deus. Mas Jesus diz: "Nada disso." Ele diz que preciso perdoar primeiro. Mas por que eu? Essa é fácil! Jesus quer que todo pedacinho de mim seja igualzinho a Ele. Por causa disso, preciso voltar e me acertar com ela.

Portanto, se você...
lembrar que o seu irmão tem alguma
queixa contra você...

MATEUS 5:23

Paz e alegria

27 de setembro

Amo a Bíblia, e ela me traz paz e alegria. Mas, às vezes, ela me machuca. Será que a Palavra de Deus encontrou alguma coisa em meu coração que precisa sair? Deus me ama, mas Ele quer que eu seja parecido com Jesus. O amor dele vai brilhar em todos os cantinhos escuros do meu egoísmo.

...– Eu estou pronto a seguir
o senhor para qualquer lugar
onde o senhor for.

LUCAS 9:57

Olhando para você

28 de setembro

Jesus olhou para mim. Ele olhou bem dentro do meu coração, e viu meus erros! Ele os destruiu e os jogou fora. Agora, posso vê-lo! Ah, como Ele me ama. Agora, meu coração está finalmente livre!

– Falta mais uma coisa
para você fazer ...venha e me siga.

MARCOS 10:21

Deus chamando!

29 de setembro

Deus tem um plano para mim. E neste momento, não sei qual é. Não sei o que verei ou o que vou fazer. Mas, um dia, ouvirei Deus chamando. E, quando isso acontecer, se eu responder sim, Jesus fará algo realmente maravilhoso!

Ai de mim se não
anunciar o evangelho!

1 CORÍNTIOS 9:16

Pão e vinho

30 de setembro

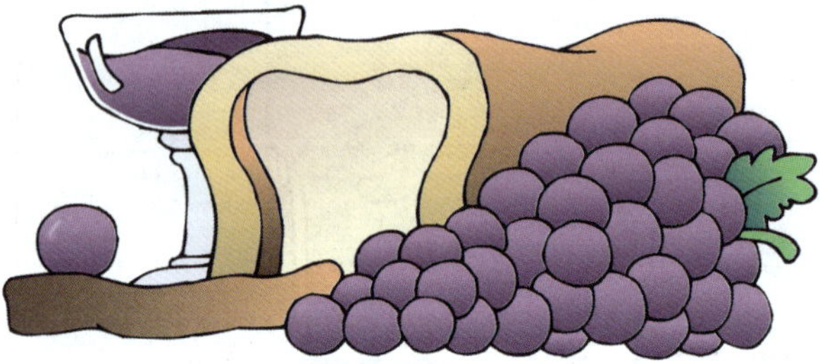

Deus quer me usar para ajudar aos outros. Ele quer colocar o amor dele em mim — e, depois, quer que eu leve este amor para os meus amigos e família. Quando as pessoas têm um coração faminto, Ele quer que a minha vida alimente essas pessoas. De vez em quando, quero guardar tudo só para mim. Mas Deus quer me usar. Ele quer me usar até mesmo para ajudar as pessoas que não gosto.

...Pois o que eu sofro no meu corpo pela Igreja ...está ajudando a completar os sofrimentos de Cristo.

COLOSSENSES 1:24

Subindo!

1.º de outubro

Jesus mora em meu coração. O amor dele resplandece no amanhecer do sol brilhante da manhã. Ele me leva até o topo das montanhas. Vou descer da montanha correndo e contar para todos os meus amigos. Vou ajudá-los a subir. Agora eles veem Jesus também.

...Jesus foi para um
monte alto, levando consigo somente
Pedro, Tiago e João...

MARCOS 9:2

Descendo

2 de outubro

Ontem, Deus foi tão verdadeiro e estava tão pertinho de mim. Mas hoje Ele parece tão longe. Está ficando escuro, e frio. Mas Deus ainda está aqui. Ele está bem aqui em meu coração.

...então os ajude.
Tenha pena de nós!

MARCOS 9:22

Lute!

3 de outubro

Apareceu algo diferente entre Jesus e eu? Isso precisa ir embora! Vou resistir até que isso não exista mais e dizer: "Vá embora!" Vou me ajoelhar e pedir a ajuda de Deus. E, depois, vou lutar até que isso desapareça!

– Este tipo de espírito só
pode ser expulso com oração
(e jejum).

MARCOS 9:29 (ARA)

Eu sou o barro

4 de outubro

Jesus está moldando o meu coração e dando forma a ele. De vez em quando, as mãos dele são carinhosas e gentis. Às vezes, Ele precisa fazer coisas que eu não gosto. Mas vou deixá-lo fazer isso. Ele está formando algo lindo. Ele está me formando!

...foram chamados para pertencerem ao povo de Deus.

1 CORÍNTIOS 1:2

Uma dupla estranha

5 de outubro

Posso estar limpinho e arrumado com cada fiozinho de cabelo no lugar, ou posso estar desalinhado e bagunçado como uma cama desarrumada. Para Deus, isso não é o mais importante. Ele está olhando para o meu coração.

O pecado entrou no
mundo por meio de um só homem...
porque todos pecaram.

ROMANOS 5:12

Eu ficaria feliz se...

6 de outubro

Não sou perfeito, e está começando a parecer que nunca serei! Eu sei o que fazer, mas ainda tenho tantos erros... Sinto que não sou bom. Mas Deus é fiel. Eu posso abrir meu coraçãozinho vazio, e Deus vai enchê-lo. Ele vai enchê-lo com o Seu Filho.

...Deus, na sua graça, me escolheu... revelar para mim o seu Filho...

GÁLATAS 1:15,16

Seja assim

7 de outubro

Quando faço alguma coisa errada, essa coisa é um pecado. E Deus quer que eu faça a coisa certa. Mas Ele quer ainda mais que eu seja uma pessoa correta. Jesus perdoa os erros e pecados. Ele morreu na cruz para que eu pudesse fazer as pazes com Ele.

Mas Deus colocou
sobre Cristo a culpa dos
nossos pecados...

2 CORÍNTIOS 5:21

Agora eu escuto

8 de outubro

Será que estou escutando a voz de Deus? Ou estou escutando apenas a minha própria voz? Eu amaria fazer coisas grandes e importantes. Pode ser que eu venha a fazer coisas assim no futuro. Mas será que Deus está gritando: "Vá e faça coisas grandes?" Ou será que Ele só está sussurrando: "Venha a mim?"

– Venham a mim...

MATEUS 11:28

Do meu lado

9 de outubro

Eu obedeci a Deus? Fiz o que Ele me disse que era muito difícil? Isso é ótimo! Mas Deus não quer que eu seja superbom apenas para que as pessoas olhem para mim e pensem: *Uau! Essa criança é um anjo!* Não; Deus só quer que eu fique pertinho de Jesus. Se Jesus e eu somos amigos, Ele sempre estará ao meu lado. Ele fará todas as coisas para o meu bem.

...para que ele use vocês
a fim de fazerem o que é direito.

ROMANOS 6:13

De repente é minha

10 de outubro

Como posso saber o que a Bíblia diz de verdade? Eu posso estudar, pesquisar, pensar e ser sábio e, mesmo assim, nunca entender o que ela diz. Mas quando me levanto e faço o que a Bíblia diz para fazer — de repente compreendo as suas palavras!

...tens mostrado às pessoas
sem instrução aquilo que escondeste
dos sábios e dos instruídos!

MATEUS 11:25

Silêncio

11 de outubro

Eu orei e Deus me ouviu. Mas como eu sei disso? Ele não falou nada para me responder. Mas Deus sabe que o amo. Ele sabe que pode confiar em mim. E posso confiar nele também. Meu coração está tranquilo. A resposta vai chegar.

...ainda ficou dois dias
onde estava.

JOÃO 11:6

Ande com Deus

12 de outubro

Quero andar com Deus. Mas de vez em quando é difícil não ficar para trás! Ele faz as coisas de um jeito diferente do meu. Será que Jesus está à minha frente agora? Vou correr para alcançá-lo. Vou fazer as coisas do jeito dele. Quero andar com Ele.

Enoque andou com Deus...

GÊNESIS 5:24 (NVI)

Não olhe agora!

13 de outubro

Onde Deus está? Por que Ele não fala nada? Fico imaginando se os meus sonhos se realizarão. Estou esperando há tanto tempo... Mas não vou desistir agora. Pode ser que Deus precise mudar umas coisinhas antes. Pode ser que Ele precise me mudar. Então, vou poder amá-lo de verdade. E Ele poderá me usar para ajudar as pessoas que estão ao meu redor!

Um dia ele saiu para visitar
o seu povo e viu como... eram obrigados
a fazer trabalhos pesados.

ÊXODO 2:11

Conte a elas

14 de outubro

As pessoas do mundo inteiro precisam ouvir falar sobre Jesus. E Deus quer que eu conte a elas quem é Jesus. Mas primeiro Ele precisa estar vivo dentro do meu coração. Quando eu crescer, Deus poderá me mandar para o outro lado do mundo ou para o outro lado da minha rua! Vou deixá-lo decidir. Deus não é meu empregado. Eu sou dele.

> ...vão a todos os povos do mundo
> e façam com que
> sejam meus seguidores...
>
> MATEUS 28:19

A mensagem

15 de outubro

Deus é bom. Ele é carinhoso e bondoso e tem feito tanto por mim. Agora, quero contar para todo mundo! Mas o que preciso falar? Será que devo falar sobre estas coisas? Sim! Mas preciso sempre me lembrar do seguinte: Deus não quer que as pessoas sejam iguaizinhas a mim. Ele quer que elas sejam iguaizinhas a Jesus.

É por meio do próprio
Jesus Cristo que os nossos pecados
são perdoados...

1 JOÃO 2:2

A chave, por favor

16 de outubro

Quero falar de Jesus para todo mundo. Eu até trabalharia feliz de dia e de noite para fazer isso. Mas trabalhar não é a chave que destranca a porta do coraçãozinho triste do meu amigo. A chave é a oração!

Peçam ao dono da plantação
que mande mais trabalhadores para
fazerem a colheita.

MATEUS 9:38

Obras maiores

17 de outubro

Quero fazer uma coisa maravilhosa. Quero mudar o mundo! Mas aqui estou eu de novo, preso no mesmo lugar de sempre. O que posso fazer de bom hoje? O que posso fazer para ajudar? Isso é fácil! Eu posso orar!

...quem crê em mim fará as coisas
que eu faço e até maiores do que estas,
pois eu vou para o meu Pai.

JOÃO 14:12

Verdadeira dedicação

18 de outubro

Jesus disse: "Você me ama? Então, alimente o meu rebanho! Ame o que eu amo. Não goste do que eu não gosto. Confie em mim em todos os momentos. Não se preocupe com as coisas. Seja sempre você mesmo. E ame como eu o amo."

...eles começaram a sua viagem
a serviço de Cristo...

3 JOÃO 7

Vá, cachorrinho, vá!

19 de outubro

Depressa, depressa! Estou muito ocupado! Tenho coisas grandes e importantes para fazer! Não tenho tempo para isto; não tenho tempo para aquilo! Não posso parar agora. Tenho muito a fazer! Mas por quê? Jesus não tem pressa. Então, não vou ter pressa também. Acho que vou passar um tempinho com Ele.

– O meu Reino
não é deste mundo!

JOÃO 18:36

Será que eu vou fazer?

20 de outubro

Quero ser bom e fazer as coisas certas. Quero aprender a ser carinhoso e bondoso. Quero deixar Jesus morar em meu coração. Quero fazer tudo isso. Mas será que vou conseguir? Jesus sempre vai me amar, mas somente eu posso deixar que Ele transforme o meu coração.

O que Deus quer de vocês
é isto: que sejam completamente
dedicados a ele...

1 TESSALONICENSES 4:3

Andando por cima da água

21 de outubro

Pedro saiu do barco. Ele andou por cima das águas! Foi um milagre maravilhoso. Agora, Jesus quer que eu faça um milagre também. Ele quer que em minha vida eu ande de maneira que lhe agrade.

...continuem a progredir
na sua fé, que é a fé
mais sagrada que existe.

JUDAS 20

Homem ao mar!

22 de outubro

Estou me prendendo aos meus medos e preocupações como se eles fossem coletes salva-vidas. Então, porque ainda me sinto assustado e preocupado? Será que estou perdido e confuso? Deus me mostrará o que fazer. Mas quando? Quando eu colocar todos os meus medos e dúvidas numa trouxinha e jogá-los no mar! *Tibum*! Lá vão eles! Agora, não sobrou nada para me deixar seguro; apenas o Espírito Santo de Deus.

O Espírito de Deus
se une com o nosso espírito...

ROMANOS 8:16

Nem um pouquinho

23 de outubro

Será que não gosto de alguém por causa da cor da pele dele, ou pelo jeito de falar, ou por agir diferente de mim? Deus não odeia e não me deixa odiar também. Será que tenho este pecado secreto? Deus vai colocá-lo debaixo da luz. Deus quer me livrar de qualquer sentimento ruim.

Quem está unido com Cristo é
uma nova pessoa; acabou-se o que era
velho, e já chegou o que é novo.

2 CORÍNTIOS 5:17

Vitória!

24 de outubro

Estou lutando para fazer tudo certo, mas estou perdendo a guerra! Eu poderia lutar e me esforçar para conseguir vencer. Em vez disso, acho que vou correr para Jesus. Ele vencerá a guerra. Vou confiar nele, e ser como um cheirinho gostoso, um aroma suave para Ele!

Mas dou graças a Deus porque, unidos com Cristo, somos sempre conduzidos ...no desfile de vitória de Cristo.

2 CORÍNTIOS 2:14

Aqui e agora

25 de outubro

De vez em quando, acho que Deus bem poderia me usar mais se eu fosse mais velho, se morasse em outro lugar, se fizesse coisas melhores... Mas Deus quer me usar agora mesmo, neste exato lugar! Ele quer ser capaz de dizer: "Este é Meu filho." Aqui e agora, Ele tem um plano especial para mim.

...Assim eu me torno tudo para todos a fim de poder, de qualquer maneira possível, salvar alguns.

1 CORÍNTIOS 9:22

Quem é missionário?

26 de outubro

O missionário é uma pessoa enviada por Deus para ensinar a Palavra dele e falar do Seu amor. Mas quem é missionário? Essa é fácil! Sou eu! E quem Deus vai enviar? É isso mesmo! Ele vai me enviar.

Assim como o Pai me enviou,
eu também envio vocês.

JOÃO 20:21

Isso mesmo

27 de outubro

Qual é o melhor jeito de ensinar a Palavra de Deus? E o melhor modo de falar sobre o amor de Deus? A melhor maneira de ensinar é conhecer o próprio Deus! O melhor jeito de falar é viver por Seu amor.

...vão a todos os povos do mundo
e façam com que sejam meus seguidores...

MATEUS 28:19

Tudo está completo

28 de outubro

Por que Deus perdoa os meus pecados? Porque eu pedi desculpas? Porque estou tentando melhorar? Porque prometi fazer o que Ele me disser de agora em diante? Não! Jesus morreu na cruz. E os meus pecados também morreram lá. Como isso aconteceu? Não sei mesmo. Mas é verdade, e eu acredito nisso. Tudo está completo — meus pecados já foram perdoados. Estou salvo!

E, agora que somos amigos de Deus... seremos salvos pela vida de Cristo.

ROMANOS 5:10

Tudo o que Ele vê

29 de outubro

Por que Jesus precisou morrer? Ele não fez nada de errado! Mas Deus pregou o pecado de todo mundo na cruz com Jesus. Quando Deus olhou para Jesus lá na cruz, Ele só viu o pecado. E o pecado deve morrer. Então, Jesus precisou morrer. Mas Ele ressuscitou! Ele vive bem aqui em meu coração. Hoje, quando Deus olha para mim, Ele não vê mais o meu pecado. Tudo o que Ele vê é o Seu Filho vivo!

...Deus colocou sobre Cristo a culpa dos nossos pecados para que nós... vivamos de acordo com a vontade de Deus.

2 CORÍNTIOS 5:21

Isto é fé

30 de outubro

Às vezes, sinto-me diferente por seguir Jesus. De vez em quando, acho que Ele me pede para fazer coisas especiais. Mas quando faço algo para Jesus — mesmo que seja pequena — eu consigo vê-lo mais e mais. Minha fé não está só em minha mente agora. Ela está também em minhas mãos e em meus pés. Agora, minha fé é verdadeira!

Sem fé ninguém
pode agradar a Deus...

HEBREUS 11:6

Fé é isto

31 de outubro

O que Deus vai me dar quando eu aprender a ter fé? O que Ele vai fazer quando eu confiar na Palavra dele? Deus vai me dar Ele mesmo. Deus vai fazer eu ser dele. Ele vai me libertar.

...se vocês tivessem fé, mesmo
que fosse do tamanho de
uma semente de mostarda...

MATEUS 17:20

Em frente!

1.º de novembro

Alguns dias, gosto de ficar sozinho. Mas, assim como o meu coração, o dia de hoje é de Deus. Será que vou fazer o que quero hoje? Pode ser. Mas Deus pode ter outros planos. Então, não vou atrapalhar os planos dele. Vou aceitá-los!

Será que vocês não sabem que...
Vocês não pertencem a vocês mesmos...

1 CORÍNTIOS 6:19

O que guardar

2 de novembro

Será que devo fazer o que Deus diz? Devo guardar os Seus mandamentos? Que pergunta! É claro que sim! Eu amo Deus com todo o meu coração. Por que ouviria qualquer outra pessoa?

– Se vocês me amam,
obedeçam aos meus mandamentos.

JOÃO 14:15

Eu entrego

3 de novembro

Parte de mim quer fazer a vontade de Deus, e parte de mim não quer. Será que Deus está bravo comigo porque me sinto assim? Não. Jesus me ama demais para entrar à força e roubar o meu coração, e está esperando que eu o entregue a Ele.

Fui crucificado com Cristo.

GÁLATAS 2:20 (NIV)

Faça alguma coisa

4 de novembro

Deus está me chamando. Agora, sou eu que preciso resolver ir. Não posso ficar sentado ouvindo. Preciso me levantar e fazer o que Ele diz. Assim que eu fizer isso, Deus virá até mim e me encontrará.

Cheguem perto de Deus,
e ele chegará perto de vocês.

TIAGO 4:8

Alegre-se!

5 de novembro

Por que isto está acontecendo? O que Deus está fazendo? Eu sabia o que queria. E então, *boom*! Deus entrou no meio. Olhe para isso! Está tudo estragado! Agora, preciso querer outra coisa. Deus quer o que é melhor para mim.

...alegrem-se por estarem
tomando parte
nos sofrimentos de Cristo...

1 PEDRO 4:13

Acredite

6 de novembro

Sei o que Jesus pode fazer, e que Ele pode curar as pessoas que estão doentes. Sei que Ele pode alimentar as pessoas que estão com fome. Sei que Ele pode fazer uma pessoa morta viver de novo. Mas será que Ele pode fazer isto por mim? Se eu acreditar? Ele pode sim!

Você acredita nisso?

JOÃO 11:26

Elas me deixam muito bravo!

7 de novembro

Ah, estas pessoas! Elas me deixam tão bravo! Por que Deus me colocou aqui? Eu gostaria de fugir! Mas não posso. Deus não me colocou aqui para fugir, mas para orar.

...todas as coisas
trabalham juntas para o bem
daqueles que amam a Deus...

ROMANOS 8:28

Na casa de Deus

8 de novembro

Nem sempre sei o jeito certo de orar. Mas Deus sabe. E quando eu não souber, Ele vai orar por mim. O Espírito Santo de Deus vai orar lá dentro do meu coração. *Shhh!* Aqui está Ele. A casa de Deus é uma casa de oração. E como sou a casa de Deus, vou orar.

...o Espírito de Deus, com gemidos
que não podem ser explicados
por palavras, pede a Deus em nosso favor.

ROMANOS 8:26

Louve-o

9 de novembro

Quero falar de Jesus para o mundo! Mas como será que devo fazer isso? Sendo querido e divertido? Sendo esperto e contando histórias legais? Que bobeira! Essas coisas fazem as pessoas olharem para mim. E ninguém jamais encontrará Jesus se estiverem olhando para mim. Preciso mostrar-lhes Jesus.

Agora eu me sinto feliz
pelo que tenho sofrido por vocês.

COLOSSENSES 1:24

Saia e brinque

10 de novembro

O tempo lá fora está frio e venta muito. E aqui dentro de casa está quentinho e gostoso. Mas Deus está batendo à porta do meu coração. Vou ficar aqui dentro, onde é seguro e quentinho? Ou vou colocar os sapatos e sair para brincar?

...nosso irmão Timóteo.
Ele tem trabalhado... anunciando
o evangelho de Cristo...

1 TESSALONICENSES 3:2

Igual a Abraão

11 de novembro

Estou feliz e contente? Vou agradecer a Deus e aproveitar Suas bênçãos. O meu coração está triste e confuso? Vou confiar em Deus e andar com Ele, pois me levará para casa.

– Pegue... o seu único filho...

GÊNESIS 22:2

Todas as coisas são novas

12 de novembro

Jesus transformou o meu coração. E deixou cada pequena parte dele novinha em folha! Não preciso mais fazer coisas ruins, e nem quero fazê-las. O que era velho em mim foi embora. Eu nasci de novo.

...acabou-se o que era velho,
e já chegou o que é novo.

2 CORÍNTIOS 5:17

Em quem eu confio?

13 de novembro

Em quem eu confio? Confio em Jesus. Não na história de Jesus; não no que alguém disse sobre Ele. Confio no Filho de Deus vivo e verdadeiro que levou os meus pecados embora. Eu confio nele.

...vivo pela fé no Filho de Deus,
que me amou e
se deu a si mesmo por mim.

GÁLATAS 2:20

Já chegamos?

14 de novembro

Jesus vai me guiar. Ele sabe o que fazer, e vai cuidar de tudo. Seja grande ou pequeno, tudo está nas mãos dele. Não preciso perguntar para onde estamos indo nem preciso saber se já chegamos. Posso ficar calmo e confiar nele.

...o que é que você tem com isso?
Venha comigo!

GÊNESIS 24:27 (NVI)

Não é fácil

15 de novembro

De vez em quando, quero arrumar a vida do meu amigo. Quero lhe falar as coisas que ele deve fazer. Quero ajudar Jesus a transformá-lo. Mas Deus quer que eu saia do Seu caminho, e que eu olhe para Jesus e espere por Ele. E, assim, Jesus cuidará do meu amigo.

...o que é que você tem com isso?
Venha comigo!

JOÃO 21:22

Uma auréola aqui!

16 de novembro

Pode ser que ninguém repare em mim hoje. Pode ser que ninguém me fale sobre as coisas boas que faço. Não tem problema. Não estou procurando ser o centro das atenções. Não estou tentando parecer um anjo com auréolas. Deus sabe onde estou. Isso é o bastante para mim.

...façam tudo
para a glória de Deus.

1 CORÍNTIOS 10:31

Vou abençoá-lo

17 de novembro

Quando Jesus disser: "Venha", eu irei. Quando Ele disser: "Deixe para lá", deixarei. Quando Ele disser: "Confie em mim", confiarei. Quando Deus falar, ouvirei. E Ele diz: "Agora eu vou abençoá-lo!"

– Porque você fez isso...
abençoarei você ricamente.

GÊNESIS 22:16,17

Eu consigo — e vou fazer!

18 de novembro

Jesus não vai fazer tudo para mim. Ele quer que eu faça algumas coisas sozinho. Será que Ele está me pedindo para parar de fazer algo ruim? Então, não vou dizer: "Não consigo." Eu consigo — e vou fazer.

Se o Filho os libertar,
vocês serão, de fato, livres.

JOÃO 8:36

Ele consegue — e vai fazer!

19 de novembro

Eu pequei, e deixei o coração de Deus bem triste. Como Ele pode me perdoar agora? O pecado precisa ser castigado! Mas Deus não me castigou. Ele castigou Jesus no meu lugar. A morte dele foi o castigo por todos os meus pecados. Ah, como Deus me ama! Agora Ele pode me perdoar.

Quando o Auxiliador vier,
ele convencerá as pessoas...

JOÃO 16:8

Eu perdoo você

20 de novembro

Deus é amor. Ele é bondoso e gentil. Ele perdoou todos os meus pecados. Não apenas porque me ama, mas porque Jesus morreu por mim. O perdão de Deus custou a vida de Seu Filho.

...pela morte de Cristo
na cruz... os nossos pecados
são perdoados.

EFÉSIOS 1:7

Venha e pegue!

21 de novembro

Jesus não gosta do pecado e da coisa terrível que o pecado faz no meu coração. Jesus não gosta do jeito como o pecado prende e não solta. Ele detesta tanto o pecado que morreu para destruí-lo. E Ele o destruiu! Está tudo completo. Meu coração é livre.

...terminando assim o trabalho
que me deste para fazer.

JOÃO 17:4

Para o fim profundo

22 de novembro

O oceano é lindo e profundo. Mas para chegar até as partes mais lindas e profundas, tudo começa colocando meus pés molhados na areia da praia. Não entendo tudo de Deus e não preciso fingir que entendo. Mas ouço a voz de Deus. Ele está chamando o meu nome. E, passo a passo, Ele me levará para o fundo — até, no fim, eu estar em casa com Ele.

...façam tudo
para a glória de Deus.

1 CORÍNTIOS 10:31

Errada, errada, errada

23 de novembro

Minha amiga está errada. Errada, errada, errada! Por que ela não consegue enxergar? Por que ela não muda? Preciso fazer alguma coisa? Mas o que devo fazer? Será que devo lhe falar sobre isso? Será que devo tentar corrigi-la? Não! Preciso orar por ela.

Tem compaixão de nós, ó SENHOR!

SALMO 123:3

Um vazamento!

24 de novembro

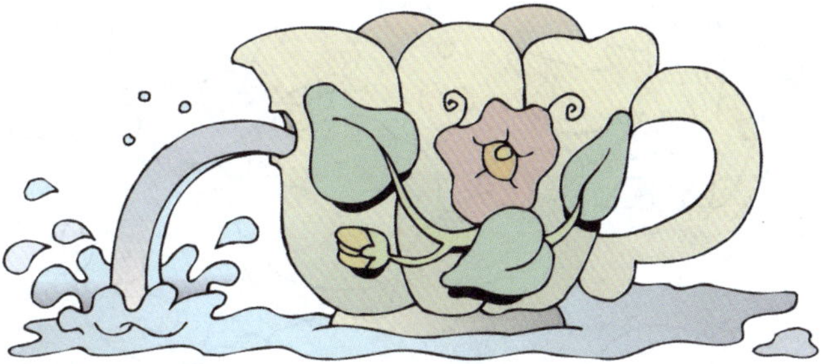

Me ajudem! Tem um vazamento em minha fé! Não tenho certeza se Deus me ama! Não sei se posso confiar nele! Não tenho a certeza de que Ele está me levando para o caminho certo! Ai, ai, ai. Aqui temos um problema. Meus olhos não estão fixos em Jesus. Mas posso corrigir isso! Agora consigo vê-lo. Agora, a minha fé não está vazando. Agora, Ele pode me encher todinho!

...assim olhamos para ti,
ó SENHOR, nosso Deus...

SALMO 123:2

Raízes profundas

25 de novembro

As estações sempre mudam. Os amigos vêm e vão. Mas uma coisa continuará sempre: Jesus me ama, e me libertou. Minhas raízes crescem fortes e profundas em Jesus.

Mas eu me orgulharei
somente da cruz do nosso
Senhor Jesus Cristo...

GÁLATAS 6:14

A mensagem

26 de novembro

Posso contar as bênçãos de Deus para o meu amigo. Posso contar-lhe todas as coisas boas que Deus faz. Isso é bom. E devo mesmo lhe contar tudo que posso. Mas é o que Jesus fez na cruz que mudará o coração dele.

Quanto a mim, que eu jamais
me glorie, a não ser na cruz de nosso
Senhor Jesus Cristo...

GÁLATAS 6:14 (NVI)

No mundo, mas não nele

27 de novembro

Jesus viveu no mundo. Ele não morou longe, num lugar só dele. As coisas deste mundo não o separaram de Deus. Jesus não veio a este mundo para conseguir coisas. Ele veio para salvar a minha vida. Ele queria que nós dois fôssemos amigos!

Pois, por meio da cruz,
o mundo está morto para mim, e eu
estou morto para o mundo.

GÁLATAS 6:14

Para ricos e pobres

28 de novembro

Não posso conquistar o amor de Deus. Jamais vou merecer este amor — não importa o que eu falar ou fizer. O amor de Deus é um presente que é dado de graça! Ninguém pode comprar este amor. Tudo o que preciso fazer é aceitá-lo.

Mas, pela sua graça e sem exigir nada, Deus aceita todos por meio de Cristo Jesus, que os salva.

ROMANOS 3:24

Isso explica tudo!

29 de novembro

Eu quero ser cristão — um verdadeiro cristão. Não quero ser apenas uma pessoa boa que vai muito à igreja; alguém que só Jesus entende. Quero ser tão amigo de Jesus que, quando as pessoas olharem para mim, verão Jesus!

...ele trará glória para mim.

JOÃO 16:14

Sou o que eu sou

30 de novembro

Não sou santo. Ou será que sou? De vez em quando, acho que penso assim: "Deus nunca pode fazer de mim um santo!" Mas Deus, com certeza, pode! Então, essa não é a questão. A pergunta é: será que vou permitir que Ele faça isso?

...e a graça que ele me deu não ficou sem resultados.

1 CORÍNTIOS 15:10

Esse é o evangelho

1.º de dezembro

Eu desobedeci aos mandamentos de Deus? Ele não está feliz. Então devo ser castigado. Essa é a lei! Mas Jesus tomou o meu lugar, e disse: "Castigue-me no lugar dele!" O evangelho é isso! Ele pagou o preço para levar embora os meus pecados. Já não sou mais prisioneiro do pecado. Sou livre!

Porque quem quebra
um só mandamento da lei...

TIAGO 2:10

Do jeito certo!

2 de dezembro

Estou tentando ser o cristão perfeito? Estou me esforçando para subir num palco e fingir que sou cristão? Se o meu coração estiver voltado para mim, as pessoas serão atraídas para a minha pessoa. Mas se der o meu coração para Jesus, as pessoas serão atraídas para Ele.

Não estou querendo dizer
que já consegui tudo o que quero ou
que já fiquei perfeito...

FILIPENSES 3:12

Conhecendo você

3 de dezembro

Quero compartilhar sobre o amor de Jesus. Quero que os meus amigos o conheçam também. Mas qual é o melhor jeito de fazer isso? Com palavras espertas? Com histórias bonitas? O melhor jeito de falar de Jesus com os meus amigos é conhecê-lo melhor.

O meu ensinamento e a minha
mensagem não foram dados
com a linguagem da sabedoria humana...

1 CORÍNTIOS 2:4

Fique feliz

4 de dezembro

Jesus disse que os problemas apareceriam. Mas Ele disse: "Desista"? "Não!" Ele disse: "Fique feliz, porque já venci tudo o que for tentar machucar você!" Mas, para vencer, Jesus precisou lutar contra todas as coisas ruins. Por isso, vou lutar também. Vou lutar para fazer tudo certinho, e ficarei feliz!

"Aos que conseguirem a vitória..."

APOCALIPSE 2:7

O templo dele

5 de dezembro

Meu corpo é templo de Deus. Jesus mora nele. Será que cuido bem do Seu templo? Ou permito que ele veja, ouça e faça coisas que entristecem o coração de Deus?

Só eu terei mais autoridade do que você, pois sou o rei.

GÊNESIS 41:40

Arco-íris

6 de dezembro

Deus fez uma promessa. Mas será que acredito nela? Eu digo: "Faz alguma coisa, Deus! Depois disso, vou confiar no Senhor." Deus responde: "Confie em mim, e, depois, farei alguma coisa!" Agora a decisão é minha. Jesus está esperando. Vou dar-lhe o meu coração?

...vou colocar o
meu arco nas nuvens...

GÊNESIS 9:13

Sinto muito

7 de dezembro

Eu pequei e me prejudiquei. Magoei meu amigo. Mas quem mais entristeci foi Jesus. Afinal de contas, pequei contra Ele e só contra Ele pequei. Por favor, me perdoe, Deus. Sinto muito. Eu quero mudar, e ser igualzinho ao Senhor.

Pois a tristeza que é usada
por Deus produz o arrependimento
que leva à salvação...

2 CORÍNTIOS 7:10

Tão profundo

8 de dezembro

Jesus me perdoou! Eu não deveria ser perdoado, pois mereço ser castigado. Mas Deus me perdoa mesmo assim! E isso acontece por causa da cruz, e do Filho dele. A morte de Jesus permite que Deus me perdoe.

Assim, com um sacrifício só, ele
aperfeiçoou para sempre
os que são purificados do pecado.

HEBREUS 10:14

É natural

9 de dezembro

É natural eu querer fazer a coisa certa. E tem muitas coisas certas que posso fazer. Mas jamais posso deixar estas coisas me impedirem de fazer o melhor para Deus. Às vezes, Deus quer que eu faça mais do que apenas orar. Ele quer que eu faça algo para Ele!

As pessoas que pertencem a Cristo Jesus crucificaram a natureza humana delas, junto com todas as paixões e desejos dessa natureza.

GÁLATAS 5:24

O que eu quero

10 de dezembro

Quero muitas coisas. Algumas, eu quero agora! Mas o que será que Deus quer? Deus quer o melhor para mim. Quando eu lhe entregar a minha vontade, Ele me dará o que preciso! Abraão queria filhos e Deus o ouviu.

...Abraão teve dois filhos...

GÁLATAS 4:22

Delicioso!

11 de dezembro

Meus talentos e dons especiais são parecidos com a palha de uma deliciosa espiga de milho. São uma parte maravilhosa de mim, mas estão do lado de fora. Para chegar ao que tem de mais lindo por dentro, preciso deixar Jesus agir em meu coração.

– Se alguém quer ser meu seguidor, esqueça os seus próprios interesses...

MATEUS 16:24

A ponta do *iceberg*

12 de dezembro

Eu sussurro: "Eu consigo", e Deus sussurra: "Você consegue". Estou sozinho e amedrontado. Mas Ele sussurra enquanto me leva pela escuridão: "Não tenha medo." O que Deus consegue ver que eu não consigo? Ele consegue ver dentro do meu coração. Ele pode ver Jesus.

...a fim de que possam
ser um, assim como tu e eu somos um.

JOÃO 17:22

Como orar

13 de dezembro

Quero orar por minha amiga. Mas por onde começo? Devo me colocar no lugar dela? Não! O que eu preciso é pedir que Deus a ajude! Não posso consertar o coração dela e nem ela pode fazer isso. Mas Deus pode! Então, vou pedir para Deus tocar o seu coração. E um dia ela poderá morar com Ele no lar celestial.

...mostrando aos discípulos que deviam orar sempre e nunca desanimar...

LUCAS 18:1

Plantando a paz

14 de dezembro

Já fiz o que Jesus me pediu? Então, a bênção de Deus será a paz. Fiz mais alguma coisa? Sim, retirei todas as preocupações do meu caminho, e no lugar delas plantei a paz. Agora, preciso esperar e logo verei o que Deus vai fazer!

Não fiquem aflitos, nem tenham medo.

JOÃO 14:27

Bom trabalho

15 de dezembro

Quero falar de Jesus para os meus amigos. Mas nem sempre sei direito o que dizer. Sei o que os outros me disseram. E eles me ajudaram muito. Mas agora preciso encontrar o meu jeito de dizer tudo isso — com as minhas próprias palavras. Pode ser que a minha amiga nem escute as outras pessoas. Mas sei que ela vai me ouvir. Então, não vou ter medo, e vou lhe falar do amor de Jesus!

...como um trabalhador que não
se envergonha do seu trabalho, mas ensina
corretamente a verdade do evangelho.

2 TIMÓTEO 2:15

Vamos lutar!

16 de dezembro

Deus quer que eu lute, mas não com Ele! Eu poderia sair machucado! O Senhor quer que a minha luta seja em oração — orando e orando até que a coisa pela qual estou orando grite assim: "Desisto! Você venceu!"

> Por isso peguem agora a armadura que Deus lhes dá. ...Façam tudo isso orando a Deus...
>
> EFÉSIOS 6:13,18

Se eu fosse elevado

17 de dezembro

Eu preciso de quê? Preciso de Jesus. Mas como sei disso? Porque alguém me falou dele! Agora, Jesus diz: "Fale com o seu amigo. Fale sobre mim, Fale para ele que eu morri para deixá-lo ser livre. Apresente-me a ele."

Mas quem não tem o Espírito
de Deus não pode receber os dons
que vêm do Espírito...

1 CORÍNTIOS 2:14

O dia de hoje

18 de dezembro

O dia de hoje está nas mãos de Deus. O amanhã estará também. Não preciso me preocupar. As coisas vão mudar, mas não tem problema. Jesus me ama. Posso confiar nele, pois Ele sabe o que fazer.

...todas as coisas trabalham juntas
para o bem daqueles que amam a Deus...

ROMANOS 8:28

Pense nisso

19 de dezembro

Ela diz que é feliz sem Jesus, e não quer mudar. Isso não é tão estranho assim. Qualquer um pode ser feliz sem Jesus. Ele não morreu para me fazer feliz. Jesus morreu para que eu pertença a Ele, e para me levar ao céu. O Senhor morreu para levar embora o meu egoísmo e me deixar cheio de amor. Às vezes, isso dói e não fico feliz de jeito nenhum. Mas acima de tudo, quero ser amigo de Jesus.

Não vim trazer a paz,
mas a espada.

MATEUS 10:34

Um caminho

20 de dezembro

Existem muitos caminhos e cada um me leva para algum lugar. Mas será que me levam para Deus? Qualquer caminho que tomar quero que me leve a Jesus. Não quero ir a qualquer outro lugar. Quero que as pessoas vejam Jesus em minha vida.

E, quando eu for levantado
da terra, atrairei
todas as pessoas para mim.

JOÃO 12:32

Eu confio!

21 de dezembro

Será que confio em mim mesmo? Ou em Deus? Deus é tão bom! Juntos, fizemos e vimos coisas maravilhosas! Mas nunca posso confiar nas coisas que faço. São coisas boas, mas elas não são o meu Deus.

...para que possamos
entender tudo o que Deus nos tem dado.

1 CORÍNTIOS 2:12

Aqui vou eu!

22 de dezembro

Jesus disse "Venha"? Então eu irei. Não vou perguntar o que as outras pessoas acham. Será que elas sabem mais do que Deus? Claro que não. Que bobeira! E nem eu sei. Então, cuidado! Jesus, aqui vou eu!

Só poderão vir a mim
aqueles que forem trazidos pelo Pai...

JOÃO 6:44

Valor para Ti

23 de dezembro

Oh Senhor, o Senhor é tão bom! Seu bondoso amor mudou completamente meu coração. O Senhor me deixou vivo, novo e feliz. Meu velho coração não existe mais! Já não consigo mais odiar. Não tem mais por que pecar. Só tenho valor para o Senhor.

Mas eu me orgulharei
somente da cruz do
nosso Senhor Jesus Cristo.

GÁLATAS 6:14

Escondido com Ele

24 de dezembro

Estou seguro. Jesus está aqui. Tem espaço para viver, tem espaço para crescer. Duvidar dele? Até parece! Pensar demais? Nem vale a pena tentar! Estou seguro. Sou dele. Jesus está aqui.

...a vida de vocês está escondida com Cristo, que está unido com Deus.

COLOSSENSES 3:3

Feliz aniversário!

25 de dezembro

Jesus Cristo nasceu em nosso mundo no dia de Natal. Mas onde Ele mora hoje? Jesus quer morar em mim — em meu coração. Quando eu o deixo entrar, Ele nasce em mim, e eu nasço de novo!

...a jovem que está grávida
dará à luz um filho...

ISAÍAS 7:14

Ame a luz

26 de dezembro

Quando Jesus morreu na cruz, Ele levou embora todos os meus pecados. Os pecados saíram, e Jesus entrou. Agora, quero ficar cada dia mais pertinho dele.

...o sangue de Jesus, o seu Filho,
nos limpa de todo pecado.

1 JOÃO 1:7

O que fazer

27 de dezembro

Deus quer que eu confie nele. Nem sempre sei direito o que fazer. Mas Deus sabe. Ele me mostrará, e eu só preciso lhe perguntar. Posso confiar na Palavra de Deus. Quando fizer isso, a minha vida brilhará com a luz do Seu amor.

O SENHOR Deus diz: – Povo de Israel, se você vai voltar...

JEREMIAS 4:1

Novo todo dia

28 de dezembro

Deus quer transformar o meu coração. Ele quer que eu seja mais parecido com Jesus. Há algo em mim que ainda não se parece com Jesus? Então, vou deixar Deus mudar. Todo dia, vou permitir que Deus me transforme numa criança um pouquinho mais parecida com Jesus.

...se vocês não mudarem de
vida e não ficarem iguais às crianças...

MATEUS 18:3

Um cristão de verdade

29 de dezembro

Nem sempre é fácil fazer o que Deus pede. A Bíblia me diz para amar as pessoas que me deixam triste e orar por elas. Nem sempre quero fazer isso. Mas farei o que Deus me pede para fazer. Ele vai me ajudar. Não vou virar minhas costas para Ele. Sou um cristão de verdade!

...muitos seguidores de Jesus
o abandonaram...

JOÃO 6:66

Eu, eu, eu, eu!

30 de dezembro

Deus me fez uma criança especial. Ninguém mais no mundo é igualzinho a mim. Posso fazer muitas coisas direitinho, e Deus me ama do jeito que sou. Mas você sabe o que Ele mais ama? Ele ama me ver ser cada vez mais parecido com Jesus.

"A fonte da nossa felicidade
...está em você."

SALMO 87:7

Ontem

31 de dezembro

Sei que Deus planeja coisas boas para mim no Ano Novo. Mas… ai, ai, ai… errei tanto neste ano que passou! Como Jesus pode me amar se eu nem faço as coisas direito? Não sei. Mas Jesus vai me perdoar. Não posso mudar as coisas que já fiz ontem. Vou deixar o ontem com Jesus. Vou entrar com tudo no Ano Novo! Sei que Jesus estará comigo no ano que vem. Ele já está me esperando lá!

O Deus de Israel os protegerá
por todos os lados.

ISAÍAS 52:12

Índice temático

Era uma vez um garoto chamado Phil A. Smouse, ou apenas Felipe, que queria ser um grande cientista. Mas, no final das contas, ele decidiu desenhar e colorir seus desenhos para as crianças do mundo inteiro admirarem. Assim, ele pode receber cartinhas com lindos desenhos de crianças como você.

Agora que Felipe já cresceu, ele casou e mora com a sua esposa e seus dois filhos numa cidade muito bonita, distante do Brasil. Felipe gosta de usar os seus desenhos para falar sobre Jesus às crianças. E nós de Publicações Pão Diário também.

Você também deve gostar muito de desenhar e pintar, por isso pedimos que ache os seus lápis de cor, escolha uma meditação preferida do livro, e faça um desenho baseado nela, para nos enviar o quanto antes.

Mensalmente, escolheremos um dos desenhos recebidos para postar em nosso *site*. Se o seu desenho for o selecionado, outras crianças poderão aprender mais sobre Jesus com você.

Fique atento, quem sabe um dia você será o artista do mês em nosso *site*!

Envie o seu desenho para:

Email: meudesenho@paodiario.com

ou Publicações Pão Diário, Caixa Postal 4190, 82501-970, Curitiba/PR